Art Therapy Technic

미술치료기법

최외선 · 김갑숙 · 최선남 · 이미옥 공저

학지사

이 책의 내용은 카운피아러닝센터(www.counpia.com)에서 교사, 상담/임상전공 대학, 대학원생, 일반인을 위한 동영상 강좌로 서비스되고 있습니다.

머리말

미술치료가 국내에 소개된 지도 벌써 10여 년의 시간이 지났습니다. 미술치료에 대한 놀라움과 신비감에 이끌려 故 김동연 박사님과 함께 연구하기 시작한 것이 해를 거듭하면서 미술치료의 이론과 임상 부분에서 눈부신 발전을 하게 되었습니다.

그동안 미술치료에 대한 관심과 열정이 국내 대학과 대학원에 미술치료 전공학과를 신설하게 만들었고, 한국미술치료학회와 표현예술치료학회 등에서 미술치료에 대한 소개와 보급, 미술치료사의 양성과 같은 결실을 가져왔습니다.

이러한 변화와 성장 속에서, 미술치료에 대한 폭넓고 깊이 있는 연구와 다양한 내담자를 통한 임상적 연구가 이루어졌으며, 그 결과로 전문학술지가 탄생하게 되었습니다. 그러나 이제는 미술치료사들의 자질향상이 미술치료의 성장과 발전에 있어서 중요한 과제라고 여겨집니다.

미술치료사는 인격적인 성숙과 더불어 미술치료에 대한 전문성을 가져야 하지만, 그것은 오랜 시간과 경험을 바탕으로 이루어지는 기나긴 여정입니다. 이 긴 여정에서 우리는 서로를 이해하고 사랑하기 위한 하나의 수단으로 다양한 미술치료기법을 사용하게 되는데, 이 책은 그 같은 미술치료기법들을 소개하고 있습니다.

그동안 임상장면에서 미술치료사들이 미술치료를 어떻게 시도해야 할지 힘들어하는 경우가 많았기에 이 책이 조금이나마 도움이 되기를 바라며, 아울러 이 책에 소개되는 기법이 미술치료기법의 모든 것이 아님을 밝혀 둡니다. 앞으로 이것을 토대로 더 많은 연구와 토론이 있어야 할 것입니다.

이 세상에 존재하는 모든 것은 제각기 아름다움과 가치를 가지고 있기에 미술치료과정을 통해 그 같은 아름다움과 의미를 찾아낼 수 있기를 바라면서 비록 미흡하지만 이 책을 출판하게 되었습니다. 미흡하다는 것을 부끄럽게 생각하기보다 채워 넣을 수 있는 여유가 있는 것으로 받아들이면서 앞으로 더욱 노력하고자 합니다.

끝으로 이 책이 나오기까지 저자들이 열심히 준비할 수 있도록 도움을 준 카운피아의 이미경 씨와 원고의 교정과 편집을 맡아 준 학지사의 이세희 씨에게 감사의 마음을 전합니다.

그리고 미술치료기법 전 과정을 동영상으로 제작하여 시각적으로 전달할 수 있게 도와준 카운피아 대표 전종국 박사님과 미술치료 보급에 신뢰를 더해 주신 학지사 김진환 사장님께 진심으로 감사드립니다.

이 책이 많은 미술치료사들과 내담자의 참만남의 장이 되기를 기대하면서…

2006년 5월

저자 일동

| 차 례 |

제1부 진단기법

제2부 치료기법

제1부

진단기법

제1장 **진단기법의 유형**

제1장

진단기법의 유형

1. 투사법 검사의 개요

1) 투사법 검사의 기본가정

투사법 검사는 피험자가 검사자극에 반응하는 방식에서 자신의 성격이나 갈등, 동기가 드러난다고 가정한다. 피험자가 자신의 반응을 어떻게 구성하고 조직하는가, 자극을 어떻게 지각하는가, 어떤 설명을 부가하는가 하는 것은 그 개인의 심리적 특성과 관련된다.

2) 투사법 검사의 장점

① 반응의 독특성: 투사법 검사반응은 면담이나 행동관찰, 객관적 검사반응과 다르게 매우 독특한 반응을 제시해 주며 이러한 반응이 개인을 이해하는 데 매우 유용하다.

② 방어의 어려움: 반응과정에서 피험자는 불분명하고 모호한 검사 자극에 부딪혀서 적절한 방어를 하기가 어렵다. 자극의 내용이 불분명하기 때문에 자신의 반응내용을 검토하고 자신의 의도에 맞추어 방어적으로 반응하는 것

이 어렵다.

③ 반응의 풍부함: 검사자극이 모호하고 검사 지시방법이 제한되어 있지 않기 때문에 개인의 반응이 다양하게 표현되며 이러한 반응의 다양성이 개인의 독특한 심리적 특성을 반영해 준다.

④ 무의식적 내용의 반응: 자극적 성질이 매우 강렬하여 평소에는 의식화되지 않았던 사고나 감정이 자극됨으로써 전의식적이거나 무의식적인 심리적 특성이 반영될 수 있다.

3) 투사법 검사의 문제점

① 검사의 신뢰도: 검사자 간 신뢰도, 반분신뢰도, 재검사신뢰도 등 신뢰도 검증에 있어 전반적으로 부족하다. 특히 재검사신뢰도가 가장 문제가 된다.

② 검사의 타당도: 타당도 검증이 매우 빈약하다.

③ 반응에 대한 상황적 요인의 영향력: 검사자의 연령, 성, 인종, 검사자의 태도, 검사자에 대한 피험자의 선입견 등이 영향을 미친다.

4) 투사법 검사의 실시 및 해석에 대한 유의사항

투사법 검사는 신뢰도나 타당도가 문제된다. 검사자는 실시에서부터 표준화된 절차를 따라서 진행해야 된다. 투사법 검사에 대한 채점과 해석은 임상가의 주관과 능력, 문화적 왜곡 등이 많이 개입될 가능성이 있으므로 신중해야 한다. 투사법 검사는 자격을 가진 전문가로부터 지도와 훈련을 받아서 진행해야 한다.

인물화를 분석하고자 할 때는 그림의 전체와의 맥락을 통해서 해석해야 하며 그려진 그림의 형태만을 보고 분석해서는 안 된다. 그림의 전체적인 인상과 형식적 분석, 내용분석 등을 참고해야 한다. 그림에서 얻어진 자료는 피험자의 심리상태에 관한 증거를 제공하는 것이라기보다는 가설을 만들어 내는 데 사용되는 것이다. 검사자는 여러 심리검사자료와 면담, 행동관찰 등을 종합하여 피험자를 이해하도록 노력해야 한다.

투사법 검사를 제대로 해석하기 위해서는, 정신분석, 정신역동, 성격이론, 정신병리, 심리검사에 대한 지식과 임상적 경험이 중요하다. 또 같은 검사라고 하더라도 피험자의 사례와 검사 상황 등을 고려하여 해석해야 한다.

2. 인물화 검사

1) 인물화 검사의 가정

인물화 검사(Draw-A-Person Test; Goodenough, 1926)는 인물화에 피험자의 성격이나 정서, 갈등 등이 투사된다고 가정한다. 즉, 그려진 인물상은 자아상을 반영하고 종이는 환경을 의미한다.

2) 인물화 검사의 장점

① 실시가 간단하다.

② 연필과 종이만 필요하고, 실시시간은 짧다.

③ 누구나 사용하기 쉽다.

3) 실시

① 준비물: A4 용지, 연필, 지우개

② 실시: 개별적 및 집단적으로 사용할 수 있다. 지시내용은 다음과 같다. 흰 종이를 주고 "사람을 그리세요."라고 지시한다. 어떤 인물상을 그린 후에는 처음에 그린 상과 다른 이성상을 그리게 한다. 인물화를 그린 다음에 각 인물화를 그리는 데 걸린 시간을 기록한다.

③ 그림을 다 그린 다음에는 다음과 같은 질문을 한다. "지금 이 사람이 무엇을 하고 있는지?" "기분은 어떤지?" "성격은 어떤지?" "장래의 희망은 무엇인지?" "이 사람의 장점은?" "이 사람의 단점은?" 등에 대하여 질문할 수 있다.

4) 진단 및 해석기준

인물화는 그림의 형식, 그림의 선, 그림의 내용 등의 차원에서 해석된다. 그림의 형식에는 그림 그린 순서, 크기, 위치 등이 있으며 그림의 선 차원에는 선의 성질이나 강도 등이 있다. 해석기준은 〈부록〉에 제시되어 있다.

3. 문장완성검사

1) 개념

문장완성검사(SCT: Sentence Complete Test)는 미완성된 문장을 완성함으로써 성격의 일부가 투사된다는 가정 하에 만들어졌다. 가족, 성, 자기개념, 대인관계의 네 가지 영역에서 중요한 태도를 알아보기 위한 것이다. 가족 영역은 아버지, 어머니 및 가족에 대한 태도를 측정한다. 성적 영역은 이성관계에 대한 태도를 나타내고 있다. 자기개념의 영역은 자신의 능력, 자신의 과거, 미래, 두려움, 죄책감 등에 대한 태도를 나타낸다. 그리고 대인관계 영역은 친구와 권위자 등에 대한 태도를 나타낸다.

문장완성검사는 문장에 나타난 감정적 색채나 문장의 맥락 등을 통해서 피험자의 태도, 주의를 쏟고 있는 특정한 대상이나 영역이 더 잘 나타날 수 있다.

2) 실시

개인 및 집단으로 실시할 수 있다. 지시문을 읽어 주고 미완성된 문장을 완성하도록 한다. 지시할 때는 정답이 없으므로 생각나는 대로 쓰게 하며, 글씨나 문장의 좋고 나쁨을 생각하지 말고, 주어진 내용 중에 제일 먼저 떠오른 생각을 쓰도록 하며, 시간에 제한은 없으나 너무 오래 생각하지 말고 빨리 쓰도록 한다.

검사를 시작한 시간과 끝난 시간을 기록해 두는 것도 좋다. 좀 더 자세한 정보를 얻기 위해서 부가적인 질문을 할 수도 있는데, 피험자가 검사를 완성한 후 질문하는 것이 좋다. 특히 피험자의 반응에서 중요하거나 숨겨진 의도가 있다고 보여지는 문항들에서는 "이것에 대해 좀 더 이야기해 주십시오."라고 요청한다.

3) 해석

해석은 전체를 잘 읽어보고 일관된 특징이 있는지, 표현상의 모순이 있는지, 특이한 내용, 특별히 강조되는 내용, 반복되는 것, 생략된 것, 자주 지우고 다시 쓰는 문항 등에 대하여 관심을 가지고 확인해 보아야 한다. 이와 아울러 충동적 경향이나 타인에 대한 배려, 사고의 현실성 등에 대해서 평가해 보아야 한다.

일반적으로는 주된 갈등과 혼란 영역, 태도 간의 상호관계, 내적 충동과 외적 자극에 대한 피험자의 반응 정도, 정서적 적응, 성숙도, 현실검증 수준, 갈등을 표현하는 방법 등에 대해서 알아본다.

*아버지에 대한 태도를 알아보는 문항은 다음과 같다.

2. 내 생각에 가끔 아버지는 자식을 위해 고생이 많으시다.
19. 대개 아버지들이란 자식들의 모범이다.
29. 내가 바라기에 아버지는 건강하게 오래 사셨으면
50. 아버지와 나는 좋은 사이다.

- 해석적 요약

아버지의 성격이나 태도에 대해 만족감을 표현

*어머니에 대한 태도를 알아보는 문항은 다음과 같다.

13. 나의 어머니는 ____________________
26. 어머니와 나는 ____________________
39. 대개 어머니들이란 ____________________
49. 나는 어머니를 좋아했지만 ____________________

*가족에 대한 태도를 알아보는 문항은 다음과 같다.

12. 다른 가정과 비교해서 우리 집안은 ____________________

24. 우리 가족이 나에 대해서 ____________________

35. 내가 아는 대부분의 집안은 ____________________

48. 내가 어렸을 때 우리 가족은 ____________________

*여성에 대한 태도를 알아보는 문항은 다음과 같다.

9. 내가 바라는 여인상은 ____________________

25. 내 생각에 여자들이란 ____________________

*남성에 대한 태도를 알아보는 문항은 다음과 같다.

9. 남자에 대해서 무엇보다도 좋지 않게 생각하는 것은 ____________

20. 내 생각에 남자들이란 ____________________

*이성관계 및 결혼생활에 대한 태도를 알아보는 문항은 다음과 같다.

10. 남녀가 같이 있는 것을 볼 때 ____________________

23. 결혼생활에 대한 나의 생각은 ____________________

37. 내가 성교를 했다면 ____________________

47. 나의 성생활은 ____________________

*친구나 친지에 대한 태도를 알아보는 문항은 다음과 같다.

6. 내 생각에 참다운 친구는 ____________________

22. 내가 싫어하는 사람은 ____________________

32. 내가 제일 좋아하는 사람은 ____________________

44. 내가 없을 때 친구들은 ____________________

*권위자에 대한 태도를 알아보는 문항은 다음과 같다.

3. 우리 윗사람들은 ____________________

31. 윗사람이 오는 것을 보면 나는 ____________________

*두려움에 대한 태도를 알아보는 문항은 다음과 같다.

5. 어리석게도 내가 두려워하는 것은 ____________________

21. 다른 친구들이 모르는 나만의 두려움은 ____________________

40. 내가 잊고 싶은 두려움은 ____________________

43. 때때로 두려운 생각이 나를 휩쌀 때 ____________________

*죄책감에 대한 태도를 알아보는 문항은 다음과 같다.

14. 무슨 일을 해서라도 잊고 싶은 것은 ____________________

17. 어렸을 때 잘못했다고 느끼는 것은 ____________________

27. 내가 저지른 가장 큰 잘못은 ____________________

46. 무엇보다도 좋지 않게 여기는 것은 ____________________

*자신의 능력에 대한 태도를 알아보는 문항은 다음과 같다.

1. 나에게 이상한 일이 생겼을 때 ____________________

15. 내가 믿고 있는 내 능력은 ____________________

34. 나의 가장 큰 결점은 ____________________

38. 행운이 나를 외면했을 때 ____________________

*과거에 대한 태도를 알아보는 문항은 다음과 같다.

7. 내가 어렸을 때는 ____________________

33. 내가 다시 젊어진다면 ____________________

45. 생생한 어린 시절의 기억은 ____________________

*미래에 대한 태도를 알아보는 문항은 다음과 같다.

4. 나의 장래는 ______________________

11. 내가 늘 원하기는 ______________________

16. 내가 정말 행복할 수 있으려면 ______________________

18. 내가 보는 나의 앞날은 ______________________

28. 언젠가 나는 ______________________

*목표에 대한 태도를 알아보는 문항은 다음과 같다.

30. 나의 야망은 ______________________

41. 내가 평생 하고 싶은 일은 ______________________

42. 내가 늙으면 ______________________

이런 책을 참고하세요

강봉규(1999). 심리검사의 이론과 기법. 동문사.

곽금주(2002). 아동 심리평가와 검사. 학지사.

김중술, 원호택 공역(1988). 임상심리학. 법문사.

박경, 최순영(2009). 심리검사의 이론과 활용(2판). 학지사.

박영숙(1994). 심리평가의 실제. 하나의학사.

최정윤(2002). 심리검사의 이해. 시그마프레스.

Exner, J. E. (1993). *The Rorschach: A comprehensive system vol 1*. John Wiley & Sons, INC.

Harmer, E. F. (1958). *The clinical application of projective drawing*. Charles C. Publisher.

Rabin, A. I. (1960). *Projective techniques with children*. Crune & Stratton. New York.

문장완성검사

차트번호__________

이름__________ 연령________ 성________ 실시일______________

• 일러두기

다음의 기술된 문장은 뒷부분이 빠져 있습니다. 각 문장을 읽으면서 맨 먼저 떠오르는 생각으로 뒷부분을 이어 문장이 완성되도록 하면 됩니다.

시간의 제약은 없으나 되도록 빨리 하십시오.

1. 나에게 이상한 일이 생겼을 때
____
2. 내 생각에 가끔 아버지는
____
3. 우리 윗사람들은
____
4. 나의 장래는
____
5. 어리석게도 내가 두려워하는 것은
____
6. 내 생각에 참다운 친구는
____
7. 내가 어렸을 때는
____
8. 남자에 대해서 무엇보다 좋지 않게 생각하는 것은
____
9. 내가 바라는 여인상(女人像)은
____
10. 남녀가 같이 있는 것을 볼 때
____
11. 내가 늘 원하기는
____

12. 다른 가정과 비교해서 우리 집안은

13. 나의 어머니는

14. 무슨 일을 해서라도 잊고 싶은 것은

15. 내가 믿고 있는 내 능력은

16. 내가 정말 행복할 수 있으려면

17. 어렸을 때 잘못했다고 느끼는 점은

18. 내가 보는 나의 앞날은

19. 대개 아버지들이란

20. 내 생각에 남자들이란

21. 다른 친구들이 모르는 나만의 두려움은

22. 내가 싫어하는 사람은

23. 결혼생활에 대한 나의 생각은

24. 우리 가족이 나에 대해서

25. 내 생각에 여자들이란

26. 어머니와 나는

27. 내가 저지른 가장 큰 잘못은

28. 언젠가 나는

29. 내가 바라는 아버지는

30. 나의 야망은

31. 윗사람이 오는 것을 보면 나는

32. 내가 제일 좋아하는 사람은

33. 내가 다시 젊어진다면

34. 나의 가장 큰 결점은

35. 내가 아는 대부분의 집안은

36. 완전한 남성상(男性像)은

37. 내가 성교를 했다면

38. 행운이 나를 외면했을 때

39. 대개 어머니들이란

40. 내가 잊고 싶은 두려움은

41. 내가 평생 하고 싶은 일은

42. 내가 늙으면

43. 때때로 두려운 생각이 나를 휩쌀 때

44. 내가 없을 때 친구들은

45. 생생한 어린 시절의 기억은

46. 무엇보다도 좋지 않게 여기는 것은

47. 나의 성생활은

48. 내가 어렸을 때 우리 가족은

49. 나는 어머니를 좋아했지만

50. 아버지와 나는

4. 집-나무-사람 그림

집-나무-사람(HTP: House-Tree-Person) 그림은 4장의 종이에 집, 나무, 사람(남성, 여성)을 그리는 것이다. 단일과제의 그림 검사보다는 집-나무-사람을 그리게 하는 것이 피험자의 성격 이해에 보다 효과적이라고 생각하여 Buck(1948)이 집-나무-사람 그림을 발달적, 투사적인 측면에서 연구했다.

1) 목표

내담자의 상태와 성격 그리고 가정에 대한 지각을 알아본다.

2) 준비물

A4 용지 4장, 연필(4B 혹은 2B), 지우개

3) 방법

① 한 장의 종이를 가로로 제시하면서 "집을 그리세요."라고 지시한다.

② 집을 그리고 나면 새로운 종이 한 장을 세로로 제시하면서 "나무를 그리세

요."라고 지시한다.

③ 나무를 그리고 나면 새로운 종이 한 장을 세로로 제시하면서 "사람을 그리세요. 단 사람을 그릴 때 막대 인물상이나 만화처럼 그리지 말고 사람의 전체를 그리세요."라고 지시한다.

④ 사람을 그리고 나면 새로운 종이 한 장을 세로로 제시하면서 "앞에 그린 사람과 반대되는 성을 그리세요."라고 지시한다.

⑤ 집, 나무, 사람을 모두 그리고 나면 각각의 그림에 대해 질문을 한다.

4) 질문 및 해석기준

질문 및 해석기준은 〈부록 1〉에 제시되어 있다.

5) 상담과정으로의 적용

① 내담자가 그림을 그릴 때 상담자는 그림 그리는 과정을 잘 관찰한다. 즉 무엇부터 그리기 시작하는지, 그림을 그리는 시간은 어느 정도인지, 어느 부분에서 망설이는지 등 내담자의 비언어적인 단서들을 잘 관찰하여 상담과정에서 이야기를 나눌 필요가 있다.

② 그림을 그리고 난 후 그림만 보고 해석기준에 맞추어 진단하고 평가하는 것은 상당히 위험하다. 그러므로 그림을 다 그리고 나면 질문을 하는데, HTP 검사 후의 질문은 피험자가 표현하고 있는 독특한 의미와 문제를 알기 위하여 중요한 역할을 한다. 질문내용이 제시되어 있으나 특별히 일정한 형식은 없으며 검사자의 필요에 따라서 행하는 것이 좋다. 예를 들면, "이 그림에 대하여 당신이 느끼고 생각하는 것을 이야기해 보십시오. 이 그림에 대하여 어떤 이야기를 만들어 보시겠어요?"라고 질문하는 것도 좋다. 질문에 대한 대답에 대해서는 그 이유를 묻는 것이 바람직하다.

사례

대상: 정신지체 성인남성

[그림 1-1] 집

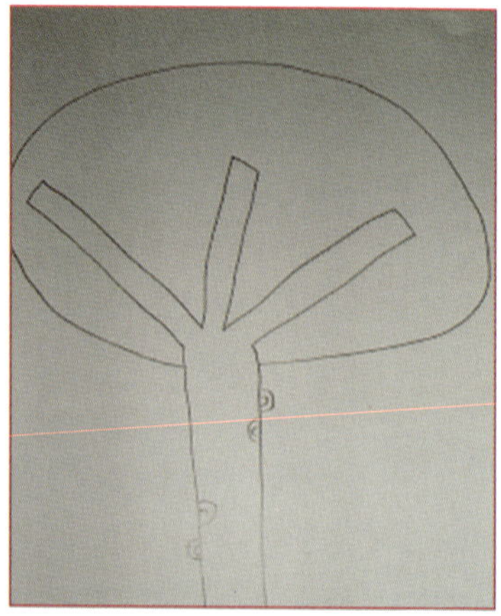

[그림 1-2] 나무

[그림 1-3] 남자상

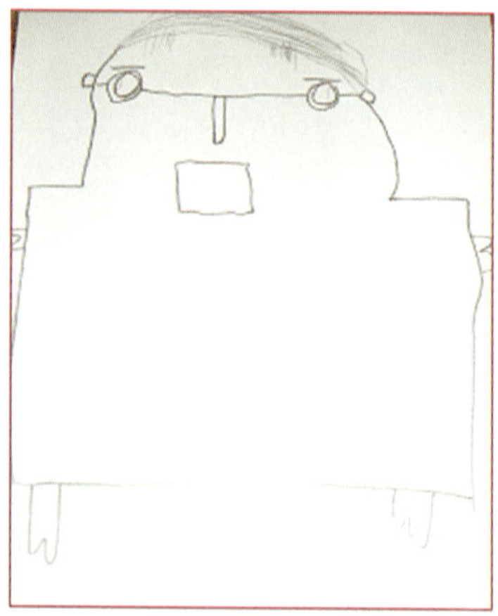

[그림 1-4] 여자상

위 그림은 정신지체인 20대 성인남성이 그린 그림이다. 특히 인물상의 표현에서 신체의 구성비가 맞지 않고, 얼굴에 몸통이 바로 연결이 되어 목이 생략되었으며, 팔, 손, 다리의 표현 등이 마치 유아가 그린 그림처럼 보여 정신지체의 경향을 그대로 드러내고 있다.

이런 책을 참고하세요

김동연, 공마리아, 최외선(2004). HTP와 KHTP. 동아문화사.
신민섭 외(2003). 그림을 통한 아동의 진단과 이해(증보판). 학지사.

5. 동적 집-나무-사람 그림

동적 집-나무-사람(K-HTP: Kinetic House-Tree-Person) 그림은 한 장의 용지 위에 집, 나무, 사람을 함께 그리는 것으로 집-나무-사람 그림을 전체적으로 볼 수 있다.

1) 목표

내담자의 성격과 내면세계를 보다 역동적이고 효과적으로 파악할 수 있다.

2) 준비물

A4 용지, 4B 연필, 지우개

3) 방법

① A4 용지를 내담자에게 수평(가로)으로 제시한다.

② 지시사항에 따라 그림을 그리도록 한다.

*지시문: "이 종이 위에 집, 나무 그리고 어떤 행동을 하는 사람의 전체 모습을 그리세요. 그릴 때 만화나 혹은 막대기와 같은 사람이 아닌 사람의 전체 모습을 그리세요."

③ 내담자가 그림을 완성하였으면 몇 가지 질문을 하고 내담자와 이야기를 나눈다.

- 느낌이 어떤가요?
- 누구의 집인가요? 이 집에 들어갈 수 있나요? 당신이 살고 싶은 집입니까?

- 사람은 어때요? 이 사람은 싫어하는 사람입니까? 좋아하는 사람입니까?
- 나무는 살아 있습니까? 죽었습니까? 나무는 마음에 들어요? 등을 질문하면서 해석해 나간다.

4) 상담과정으로의 적용

K-HTP 검사는 HTP 검사에 비해 상호간의 관계, 부착 등 다양한 정보를 얻을 수 있어 효율적으로 활용할 수 있으나 우선적으로 HTP에 대한 해석기준이나 정보를 가지고 K-HTP를 실시하는 것이 좋다.

그림의 전체성, 조화, 구성 등을 고려하여, 내담자의 적응성과 사회성을 파악할 수 있고, 내담자와의 질문과정을 통해 진단으로 그칠 수도 있지만, 더 깊은 치료로 연결하여 내담자와의 상호교류를 할 수도 있다.

사 례

[그림 1-5] KHTP(고등학교 1학년 남학생)

[그림 1-5]는 병원에서 우울증으로 진단을 받은 고등학교 1학년 남학생이 그린 K-HTP다. 원래의 그림은 필압이 아주 약하여 보기가 힘들 정도였고 사람도 아주 작게 그렸으며 얼굴 내부 표현이 모두 생략되었다. 집의 표현에서도 크기가 아주 작으며 창문과 문이 전혀 없어 병리적인 단서를 보이고 있다.

다음은 내담자와 대화를 한 내용이다.

T: 이 사람은 무얼 하고 있니?

C: 주먹을 쥐고 무엇을 치고 있다.

T: 구체적으로 무엇을 치고 싶으냐?

C: 집을 때려 부수고 싶다.

T: 이 집에 누가 살고 있느냐?

C: 집에는 아무도 없다.

T: 이 아이는 어디에서 지내니?

C: 나무 밑에서 살고 있다.

T: 많이 불편하고 추울 텐데 어떻게 생각하니?

C: 그래도 나무 밑에 있는 것이 마음이 편하다.

T: 이 아이의 부모님은 어디에 계시니?

C: 나무 위에서 자고 있다.

T: 혹시 부모님께 하고 싶은 말은 없을까?

C: 하고 싶지도 않다. 너무 싫다.

T: 어떤 부분이 힘이 드는지?

C: 자녀들을 돌보지 않는 것이 너무 싫다.

그림을 보면서 서로 대화하는 가운데 아버지가 외국에 계시면서 가족을 거의 돌보지 않았고 집은 빚보증으로 넘어가게 되어 경제적, 심리적으로 아주 힘든 상황에 처해 있음을 알게 되었다. 아버지에 대한 거부감이 아주 심하였고 어렸을 때부터 아버지의 자녀와 아내에 대한 태도 등이 잘못되고 좋지 않았다고 하면서 어릴 때의 기억을 회상하며 부정적인 감정을 표출하였다.

6. 빗속의 사람

빗속의 사람 그리기(PITR: Person In The Rain)는 인물화에 비가 오는 장면이 첨가된 것으로 Anold Abrams와 Abraham Amchin(Hammer, 1958, 1967)에 의해 개발된 것이다.

1) 목표

현재 겪고 있는 스트레스의 정도와 대처능력을 파악한다.

2) 준비물

A4 용지, 4B 연필, 지우개

3) 방법

① A4 용지, 연필, 지우개를 제시하고 다음의 지시사항에 따라 그림을 그리게 한다.

* 지시문: "비가 내리고 있습니다. 빗속에 있는 사람을 그려주세요. 만화나 막대기 같은 사람이 아닌 완전한 사람을 그리세요."

② 내담자의 질문에는 "자유입니다. 그리고 싶은 대로 하면 됩니다."라고 말하고 그림 모양이나 크기, 위치, 방법에 대해 어떠한 단서도 주어서는 안 된다.

③ 그림을 그린 후 치료자는 그린 순서와 그림 속의 인물이 누구이며 그 사람이 무엇을 하고 있는지에 대해 물어 기록한다.

④ 그림을 그린 후 그림에 대해 내담자와 이야기를 나눈다.

4) 진단 및 해석기준

빗속의 사람 그림은 스트레스와 스트레스 대처양식을 보는 것이다. 일반적으로 비, 구름, 웅덩이, 번개 등은 스트레스를 나타내며, 우산, 비옷, 보호물, 장화,

얼굴표정, 인물의 크기, 인물의 위치 등은 스트레스 대처자원으로 보고 있다. 인물상이 비옷과 장화를 신고 있고, 우산을 쓰고 있거나 건물이나 나무 밑 등 보호물 속에 인물상을 가리고 있는 경우, 그리고 인물상의 크기가 크고, 인물을 가리지 않고 드러내고 있으면서 표정이 밝고 미소를 띠고 있는 경우, 인물상의 위치가 중앙에 위치하고 있는 경우는 대처자원이 있는 것으로 생각할 수 있다.

5) 상담과정으로의 적용

① 이 기법은 인물화를 변형시켜 만든 것으로 질문내용은 정해진 내용이나 원칙이 있는 것이 아니라 인물화의 내용을 참고하여 내담자의 수준에 맞추어 적절하게 질문을 하는 것이 좋다. 예를 들면,

- 이 사람은 무엇을 하고 있습니까?
- 이 사람은 몇 살입니까?
- 이 사람을 보면 누가 생각납니까?
- 이 사람의 현재 기분은 어떨까요?
- 이 사람에게 필요한 것은 무엇일까요? 등에 대해 질문을 하며 이야기를 나눈다.

② 빗속의 사람은 스트레스를 측정하는 기법으로서 그림을 보면서 현재의 그림이 나타나게 된 배경, 즉 현재 겪고 있는 스트레스에 대해 이야기를 나눈다.

③ 자신이 활용할 수 있는 대처자원은 어떤 것이 있으며 이 방법이 자신의 문제를 해결하고 해소하는 데 얼마나 도움이 되는지, 이 자원 이외에 개발해야 할 자원은 어떤 것이 있을지 찾아보도록 하는 것이 좋다.

④ 대처자원을 일상생활에서 직접 활용할 수 있도록 한다.

사례

[그림 1-6]은 빗속의 사람 그리기와 스트레스 척도검사를 병행하여 실시한 결과 스트레스 수준이 높은 초등학교 3학년 남학생의 그림이다. 스트레스 검사 결과 교우관계로 인한 스트레스가 아주 높게 나타나 그림검사와 척도검사의 결과

가 일관되게 나타났다. 그림에서 많은 비가 오고 있는 가운데 앞의 아이는 비를 맞고 울고 있으며, 뒤편의 아이들은 우산을 쓰고 뛰어가고 있는 모습을 그렸다. 그림에서 비를 맞고 있는 사람이 자신이며 우산을 쓰고 있는 아이들은 친구라고 하였다. 내리는 비를 그냥 맞으며 울고 있는 모습으로 보아 적절한 대처방안이 없으며, 친구들과의 관계에서 적응하지 못하고 소외당하고 있는 자신의 모습을 반영한 것 같다. 상담 장면에서는 친구와의 관계에서 어떤 부분이 어려운지, 자신이 취할 수 있는 적절한 대처방안이나 해결방안 등은 무엇이 있는지, 그렇게 하기 위해서는 자신이 어떤 노력을 해야 하는지 등을 연결해서 질문을 하고 이야기를 나누며 이것을 행동화할 수 있도록 하는 것이 좋다.

[그림 1-7]은 고등학교 남학생이 그린 그림으로 앞의 그림과는 다른 모습으로 표현되었다. 그림 속의 장면은 비가 오는 가운데 바람이 불고 있다. 그러나 그림 속의 아이는 온몸을 감싸는 비옷을 입고 있으며 우산까지 들고 있어 비바람에 철저하게 대비하고 있는 모습이다. 비옷을 입고 모자를 쓰고 있으나 얼굴 모습은 드러내고 있고 인물이 용지의 정중앙에 자리 잡고 있어 스트레스에 직면하여 대처하려고 하는 모습으로 생각된다.

[그림 1-6] 빗속의 사람(10세 남아)

[그림 1-7] 빗속의 사람(남자 고등학생)

이런 책을 참고하세요

김순란(2004). 초등학생의 스트레스와 '빗속의 아이' 그림 반응특성에 관한 연구. 영남대학교 환경보건대학원 석사학위논문.

손무경(2004). PITR을 통한 초등학생의 스트레스와 대처행동 측정에 관한 연구. 경성대학교 대학원 박사학위논문.

7. 동적가족화

동적가족화(KFD: Kinetic Family Drawing)는 Burns과 Kaufman(1970)에 의해 개발된 기법으로 가족화에 움직임을 첨가한 투사화다.

1) 목표

① 가족 내에서의 자기 자신과 다른 가족구성원에 대한 지각을 파악한다.

② 가족 간의 상호작용과 역동성을 파악한다.

2) 준비물

A4 용지, 4B 연필, 지우개

3) 방법

① A4 용지, 연필, 지우개를 제시하고 다음과 같은 지시사항에 따라 그림을 그리게 한다.

＊지시문: "당신을 포함하여 당신 가족 모두가 무엇인가 하고 있는 그림을 그려보세요. 만화나 막대기 같은 사람이 아닌 완전한 사람을 그려주세요. 무엇이든 어떠한 행위를 하고 있는 그림을 그려야 합니다."

② 시간제한은 하지 않아도 되지만 30분 정도 소요된다.

③ 그리는 도중 여러 가지 질문에 대해서는 "자유입니다. 그리고 싶은 대로 그

리세요."라고 하고 어떠한 단서도 주지 않도록 한다.

④ 치료자는 내담자가 그림을 그리는 동안 그림을 그리는 순서나 그리는 태도 등 과정을 잘 관찰한다.

⑤ 만약 가족 중 그리지 않은 사람이 있을 경우는 "누구는 없네. 그려볼까?" 하며 치료자가 제안하여 나중에 다시 그려 넣는 일이 없도록 한다.

⑥ 그림을 그린 후 치료자는 그린 순서, 인물의 나이, 하고 있는 행위, 생략한 사람, 가족이외에 그린 사람이 있는지 물어 기재한다.

⑦ 내담자의 그림을 보면서 그림을 그린 뒤의 느낌이나 자신이 생각하는 가족의 특성, 가족 간의 관계 등에 대해 이야기하도록 한다.

4) 진단 및 해석기준

동적가족화의 해석은 인물상의 행위, 양식, 상징, 역동성, 인물상의 특성 등 5개의 진단영역으로 나누어진다. 이에 대한 기준 및 해석은 〈부록 2〉에 제시되어 있다.

5) 상담과정으로의 적용

동적가족화는 가족이 무엇인가 하고 있는 것을 그리는 것으로 현재의 가족 모습이 나타나기도 하고 자신이 바라는 가족 모습이 나타나기도 하므로 그림 자체만으로 해석하는 것은 상당한 오류를 범할 수 있다. 그러므로 치료자는 내담자의 현재의 상황과 잘 연결시켜 생각해 보도록 하는 것이 좋다.

치료자가 그림의 해석기준에 맞추어 일방적으로 해석하고 진단하는 것은 아주 위험하다. 내담자로 하여금 자신의 그림을 설명할 수 있도록 해야 한다.

- 그림을 그린 후 그림을 보고 어떤 느낌인지?
- 누구를 그릴 때 가장 힘이 들었는지?
- 가족 중 나와 가장 가까운 사람은 누구인지?
- 평소에 생각하는 가족과 그림에서 나타나는 가족은 어떤 차이가 있는지? 등에 대해 이야기하게 한다.

사례

[그림 1-8] 동적가족화(13세 남아)

[그림 1-9] 동적가족화(중년여성)

[그림 1-8]은 어머니의 과잉기대로 인해 시험불안을 보이는 아동(초등학교 6학년 남아)이 그린 그림이다. 그림을 통하여 가족의 전체적 분위기와 가족 간의 특성을 파악할 수 있다. 일반적으로 상담 장면에서 가족에 대한 부정적인 감정을 표현한다는 것은 쉽지가 않다. 그러나 내담자는 그림을 통해 개인의 가족에 대한 심리적 감정을 잘 드러내고 있다. 가족의 얼굴표정과 가족 간의 방향, 거리 등을 통하여 비우호적인 가족관계가 잘 나타나 있으며, 어머니에 대한 표현이 아주 흥미롭다. 어머니의 크기, 입, 치아의 표현이 두드러져 내담자가 어머니로부터 잔소리나 부정적인 메시지를 많이 받고 있음을 시사하고 있다. 상담과정을 통하여 내담자는 가족 중 어머니가 가장 무섭고, 여동생을 좋아한다고 하였다. 항상 잘해야 한다는 어머니의 말, 다른 아이들과 비교하여 잘하지 못했을 때의 어머니의 비난 등으로 힘들었으며, 자신이 장애자라면 어머니가 지금처럼 기대하지 않을 것이라며 장애자였으면 좋겠다는 표현을 하였다. 이 아동의 경우는 아동상담뿐 아니라 부모상담 및 교육을 병행하여 실시하였고, 어머니의 태도가 변함에 따라 아동의 상태도 빠르게 호전되었다.

[그림 1-9]는 중년기 여성이 그린 그림으로 온 가족이 식사하고 있는 그림이다. 내담자는 부부갈등이 심하여 부부가 서로 상호작용이 되지 않고 힘든 상황이었으나 그림에서는 가족 간의 상호작용이 잘 나타나 있다. 상담과정에서 이 그림

에 대한 느낌을 묻자 가족이 함께 모여 앉아 식사를 할 수 있었으면 좋겠다는 바람을 나타내었다고 하였다. 이에 대해 남편은 아내가 이런 생각을 하고 있는지조차 몰랐다며 의외의 반응을 보였다. 이와 같이 그림에서는 현재의 모습이 아니라 앞으로의 희망이나 바람이 표현되는 경우가 있으므로 그림 한 장만 보고 해석하는 것은 아주 위험하다. 그러므로 내담자와 대화를 통하여 진단 해석하는 것이 필요하다.

이런 책을 참고하세요

권기덕, 김동연, 최외선(1993). 가족미술치료. 동아출판사.
장연집 역(1994). 아동이 그린 가족화 분석. 교문사.
최외선, 정현희(2004). 동적가족화와 심리진단. 중문출판사.

8. 색종이 가족화

1) 목표

① 가족의 성격 특성 및 가족 간의 역동성을 파악한다.
② 자신과 가족구성원에 대해 정서적인 측면에서 어떻게 지각하고 있는지를 파악한다.

2) 준비물

종이(A4, 8절 용지 등 용지 크기는 다양하게 준비), 색종이, 풀, 가위

3) 방법

① 가족구성원의 성격, 역할, 가족 내에서의 위치 등을 생각하게 한다.

② 지시사항에 따라 색종이를 이용하여 형태, 색깔, 크기 등으로 가족을 표현하여 종이에 붙인다.

*지시문: "가족을 색종이로 표현한다면 어떤 모양과 색깔로 표현할 수 있을까요? 자신을 포함하여 가족을 색종이로 표현해 보세요."

③ 그림 모양이나 크기, 위치, 방법에 대해 어떠한 단서를 주어서는 안 되며, 내담자의 질문에는 "자유입니다. 하고 싶은 대로 하면 됩니다."라고 말해 준다.

④ 그린 순서와 그림 속의 인물이 누구인지에 대해 적게 한다.

⑤ 그림을 그린 후 그림에 대해 관련된 질문을 하고 내담자의 반응에 대해 서로 이야기를 한다.

사례

[그림 1-10] 색종이 가족화(여대생)

[그림 1-11] 색종이 가족화(10세 여아)

[그림 1-10]은 여대생의 색종이 가족화다. 아버지는 원만한 성격의 소유자이기 때문에 노란색의 둥근 모양으로, 어머니는 열정적이나 성격이 모가 난 것 같아 빨간색의 사각형으로, 자신은 청색의 삼각형으로, 동생은 어머니, 아버지의 사랑을 받고 있기 때문에 녹색의 원 속에 어머니와 아버지 색깔의 하트모양을 표현하였다고 하였다. 내담자는 자기 안에 부모님과 동생이 다 들어 있지만 부모님의 사

랑이 동생에게 치우치고 있다며 부모님의 편애에 대한 불만을 토로하였다.

[그림 1-11]은 초등학교 4학년 여학생의 작품이다. 어머니는 화를 많이 내기 때문에 빨간색으로 표현하였고 자상하다가도 한 번씩 폭발하시므로 화산으로 표현하였다. 아버지는 주로 검은색의 옷을 많이 입고 다니므로 검은색이 생각나고, 라면을 좋아하시고 오랫동안 라면을 드셨기 때문에 라면으로 표현하였다. 동생은 푸른색으로 표현을 하고 바람처럼 빨리 달리기 때문에 바람이 생각난다고 하였다. 상담을 하는 과정에서 부모님이 별거를 하고 있다는 사실을 알게 되었다. 내담자는 동생과 어머니와 함께 살고 있었다. 내담자는 자신에 대해서는 황색 옷이 많아서 황색으로 나타내었으나 표현하는 걸 아주 힘들어하였고 쓰고 지우기를 되풀이하다가 결국 표현하지 못하였다. 부모님의 별거, 어머니에 대한 두려움 등으로 불안과 불만감이 많이 내재되어 있었다.

9. 동물 가족화

1) 목표

가족의 성격 특성 및 가족 간의 역동성을 파악한다.

2) 준비물

종이(A4, 8절, 용지 크기는 다양하게 준비), 크레파스, 풀, 가위, 동물그림(〈부록 3〉 참조)

3) 방법

① 가족구성원의 성격, 역할, 가족 내에서의 위치 등을 생각하게 한다.

② 지시사항에 따라 가족을 자신이 그리고 싶은 동물모양으로 그리도록 한다.

*지시문: "옛날이야기 속에서 자주 동물이 사람으로 변하기도 하고, 사람이 동물로 변하기도 하지요. 자, 가족이 동물로 변했다고 상상해 보세요. 가족을 어떤 동물로 표현할 수 있을까

요? 자신은 물론 가족을 동물로 그려보세요."

③ 만약 그림을 그리지 못할 경우에는 동물 그림을 주고 오려 붙이도록 하지만 가능한 한 그리도록 한다. 같은 동물이라도 표정이나 크기, 방향 등이 다를 수 있으므로 그리는 것이 내담자로부터 더 다양하고 정확한 정보를 파악할 수 있기 때문이다.

④ 그림 모양이나 크기, 위치, 방법에 대해서는 어떠한 단서를 주어서는 안 되며 내담자의 질문에는 "자유입니다. 하고 싶은 대로 하면 됩니다."라고 말해 준다.

⑤ 그림을 그린 후 그린 순서와 그림 속의 인물이 누구인지에 대해 적게 한다.

⑥ 그 후 그림에 대한 설명을 듣고 관련된 질문을 하고 내담자의 반응에 대해 서로 이야기를 한다.

4) 상담과정으로의 적용

① 이상에서 가족을 진단하는 여러 가지 기법을 알아보았다. 각 기법마다의 특성이 있으므로 내담자의 연령과 발달상태, 성향에 맞게 선택하여 사용하는 것이 좋다.

② 동물가족화는 동물이 주는 상징적인 의미가 있으므로 언어능력이 부족하고 연령이 어린 유아와 아동의 경우 효과적일 수 있다.

③ 가족구성원들을 특정 동물로 표현한 배경과 이유에 대해 질문을 하고 이야기를 나눈다.

④ 가족을 표현하는 데 있어 가장 어려웠던 사람은 누구인지, 어떤 부분이 힘이 들었는지에 대해 이야기를 나눈다.

⑤ 다른 가족은 자신을 어떤 동물로 표현할 수 있을지에 대해 생각해 보고 만약 서로 표현이 다르다면 어떤 부분 때문인지에 대해서도 이야기를 나누어 보는 것이 좋다.

⑥ 치료자가 관찰하는 과정에서 내담자가 보였던 행동에 대해서도 이야기를 나누는 것이 좋다. 예를 들면, 누군가의 그림을 그리면서 망설인다든가, 계

속 지우고 다시 그린다든가 할 경우에는 어떤 부분에서 어려움이 있었는지에 대해 이야기를 나누고 내담자의 마음을 충분히 수용해 줄 필요가 있다.

사 례

[그림 1-12] 동물가족화(초등학생)

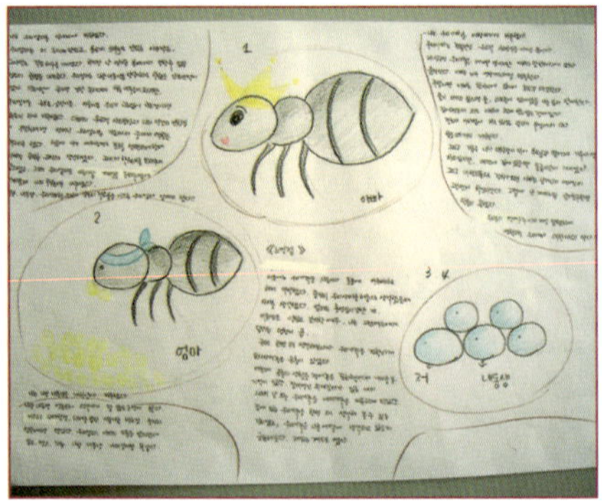

[그림 1-13] 동물가족화(여대생)

[그림 1-12]는 초등학교 4학년 여학생의 작품이다. 할머니, 아버지, 어머니, 동생과 자신을 표현하였다. 할머니는 펭귄, 아버지는 사자, 어머니는 돌고래, 자신은 여우, 오빠는 다니는 걸 좋아하고 귀여워서 코알라로 표현하였다. 아버지는 용지의 중앙에 사자로 표현하여 가정에서 가장 중심인물로 지각하고 있는 것 같다. 사자의 표정을 부드럽게 묘사하고 가끔은 무섭지만 재미있다고 하였다. 반면 어머니가 가장 무섭다며 입을 벌리고 있는 돌고래로 표현하고 종이로 두터운 벽을 쌓아 다른 가족과 분리를 시켰다.

[그림 1-13]은 여대생의 작품이다. 전 가족을 개미가족으로 표현하였다. 아버지는 여왕개미, 어머니는 일개미, 자신과 동생은 개미의 알로 표현하였다. 아버지는 유교적 사고방식을 가지고 계시고 아버지의 말 한마디에 온 식구가 움직이는 절대군주의 역할을 하고 계신다고 하였다. 하물며 여대생인 딸의 핸드폰으로 전화가 오면 여자인지 남자인지 체크까지 하고 있어 내담자는 아버지에 대한 불만이 상당히 많았다. 반면 어머니는 딸들과 아버지 사이의 중재자로, 그리고 남

편과 자식을 위해 희생하고 오직 일만 열심히 하신다고 한다. 동생과 자신은 게으르고 나태하며 차려준 밥만 야금야금 먹는 알개미와 같다고 하였다. 내담자는 작업을 하면서 가족에 대해 다시 한 번 생각하게 되었고 가족의 소중함을 알게 되었다며 만족스러워했다.

이렇게도 해 보세요.

사람을 동물로 표현하는 것에 거부감을 가지는 경우는 가족구성원을 꽃이나 자연물로 표현해 볼 수 있다.

[그림 1-14]는 여대생이 그린 그림이다. 아버지는 나무로, 어머니는 징검다리로, 언니는 사슴으로, 자신은 물로 표현하였다. 나무는 한자리에 뿌리를 내리면 움직이지 않고 듬직하게 자리를 잡아 봄에는 새 기운을 북돋워 주는 역할을, 여름에는 그늘을 만드는 안식처로, 가을에는 단풍으로 사람을 즐겁게 해 주며, 겨울에는 추운 겨울을 지낼 수 있는 땔감으로 언제라도 힘이 되며 가족을 보살펴주는 아버지가 연상된다고 하였다. 어머니는 아버지와 자녀를 연결하는 역할을 하시며 그 자리에서 남을 돕고 있으나 없어지기 전까지 중요성을 깨닫지 못하는 존재로 징검다리로 표현하였다. 언니는 가족의 분위기를 띄우고 애교가 많아 사슴으로 표현하였다. 그러나 자신은 자유분방하게 돌아다니며, 외부 날씨에 따라 물의

[그림 1-14] 가족을 자연물로 표현(여대생)

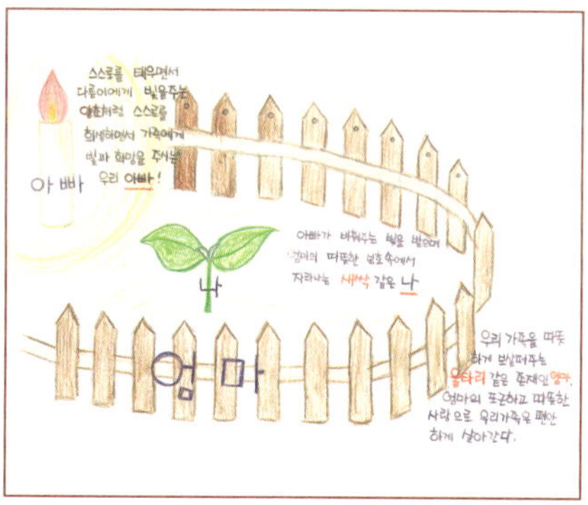

[그림 1-15] 가족을 자연물로 표현(여대생)

온도가 변하듯이 자신도 기분이 자주 변하는 변덕쟁이인 것 같다며 물로 표현하였다. 이 활동을 통하여 자신에 대한 생각과 부모님에 대한 감사한 마음을 되새기는 계기가 되었다고 하였다.

10. 동그라미 중심 가족화

동그라미 중심 가족화(PSCD: Parent-Self-Circle-Drawing)는 Burns에 의해 개발된 투사화다. 동그라미 중심 가족 그림은 부친상, 모친상, 자기상을 각각 따로 그려 각각을 분석하는 방법(Family-Centered-Circle Drawing: FCCD)과 부모상과 자기상을 한꺼번에 하나의 원 안에 그려 분석하는 방법(Parent-Self-Centered Drawing: PSCD)이 있다. 이 중 PSCD가 부모자녀관계를 더 명확히 진단할 수 있고 시간을 절약할 수 있으므로 여기서는 PSCD에 대해 알아본다.

1) 목표

부모와 자신의 관계를 파악하고, 그 관계를 통해 자기 자신을 이해한다.

2) 준비물

동그라미(직경 19.1~22.9cm)가 그려진 A4 용지, 4B 연필, 지우개

3) 방법

① 원을 그린 종이를 제시하고 다음의 지시사항에 따라 그림을 그리게 한다.

* 지시문: "원의 가운데에 아버지와 어머니 그리고 자기 모습을 그려주세요. 막대기나 만화같이 그리지 말고 몸 전체를 그려주세요. 그리고 아버지, 어머니, 자기 주위에 아버지, 어머니, 자기와 관련하여 연상되는 것을 무엇이든지 그려주세요."

② 부모와 자신에 관해 연상되는 상징을 원 주위에 그리게 한다.

③ 시간제한은 하지 않아도 되지만, 10~30분 정도 소요된다.

④ 그리는 도중 여러 가지 질문에 대해서는 "자유입니다. 그리고 싶은 대로 그리세요."라고 대답하고 그림에 대한 암시를 주어서는 안 된다.

⑤ 그림을 그린 후 그림에 대해 "당신이 그린 그림에 대해 설명을 해 주시겠어요?" "이 그림은 무엇입니까?"라고 질문하고 자신이 생각하는 부모의 특성과 부모와의 관계 등에 대해 이야기한다.

4) 해석기준

동그라미 중심가족화를 해석할 경우는 인물상의 상대적 크기, 신체 각부의 생략과 강조, 얼굴의 표정, 인물상 바로 위의 상징, 인물상 간의 거리, 인물상의 위치를 기준으로 살펴볼 수 있다(〈부록 4〉 참조).

5) 상담과정으로의 적용

동적가족화는 모든 가족이 무엇인가 하고 있는 그림을 그리는 것으로 가족 간의 상호작용이나 역동성을 파악하는 데 유효하게 적용되는 한편 동그라미 중심 부모자녀 그림은 부모와 자신만을 그리는 것으로 부모자녀관계를 파악하는 데 용이하다. 따라서 치료자는 어떤 목적으로 진단기법을 사용하는지에 따라 적절한 기법을 사용해야 한다.

사 례

[그림 1-16]은 30대 초반의 성인여자가 그린 그림이다. 어린 시절의 모습을 회상하며 용지의 중앙에 자신을, 좌우에 아버지상과 어머니상을 그렸다. 아버지에 대한 연상물로는 낚싯대, 모자, 낚시터로 가는 단체버스를 그렸고, 어머니에 대한 것은 시계, 가게에 남아 있는 어머니, 눈물을 그렸다. 자신의 연상물은 웅변과 어머니와 아버지가 싸우는 모습을 문 뒤에서 몰래 지켜보는 모습을 그렸다. 이를 통하여 내담자의 부모상이 불건강하게 내재화되어 있음을 알 수 있다. 또한 원 속의 자신의 모습을 아주 어리고 작은 모습으로 그렸으며 동그랗게 뜨고 있는 눈, 양손이 엄마와 아버지를 붙잡고 있는 모습을 통하여 어린 시절의 불안과 아버지

와 어머니를 이어주고자 하는 내면의 심리를 나타내었다.

[그림 1-16] 동그라미 중심가족화(30세 여성)

> **이런 책을 참고하세요**
>
> 김동연, 정현희(1997). 동그라미 중심 가족화에 의한 심리진단과 치료. 대구대학교 출판부.

11. 동적 학교생활화

동적 학교생활화(KSD: Kinetic School Drawing)는 Knoff와 Prout(1988)에 의해 개발된 것으로 아동이 학교 내에서 그들과 관계되는 인물, 즉 자신과 친구와 교사가 무엇인가 하고 있는 그림을 그리게 하여 친구, 교사와의 관계에 대한 아동의 지각을 측정하는 투사기법이다.

1) 목표

학교 내에서의 친구, 교사와의 상호관계 및 학업성취성을 파악할 수 있다.

2) 준비물

A4 용지, 4B 연필, 지우개

3) 방법

① 상담자가 종이와 연필, 지우개를 준비하여 제시하고 지시사항에 따라 그림을 그리도록 한다.

* 지시문: "당신 자신을 포함하여 선생님과 한 명 이상의 친구가 학교에서 무엇인가 하고 있는 그림을 그려보세요. 만화나 막대기 같은 사람이 아닌 완전한 사람을 그려주세요. 모두가 무엇이든 하고 있는 그림을 그리도록 하세요. 당신 자신도 그리는 것을 잊어서는 안 됩니다."

② 용지의 방향은 내담자가 자유롭게 선택하도록 하며 시간제한은 하지 않아도 되지만, 30분 정도 소요된다.

③ 그리는 도중 여러 가지 질문에 대해서는 "자유입니다. 그리고 싶은 대로 그리세요."라고 하고 어떠한 단서도 주지 않도록 한다.

④ 그림을 그린 후 그림을 그린 순서와 그림 속의 인물이 누구이며 그 사람이 무엇을 하고 있는지에 대해 질문을 하고 기록한다.

⑤ 그림을 보고 친구와의 관계, 교사와의 관계, 학교생활에 대해 질문을 하고 이야기를 나눈다.

4) 상담과정으로의 적용

학생의 경우는 하루 일과 중 많은 시간을 학교에서 보내기 때문에 학교생활이나, 교사와의 관계, 친구들과의 관계는 아주 중요하다. 이 그림을 통하여 학교생활의 적응이나 교사와 친구들과의 관계를 탐색하고, 상담을 통하여 학교생활에 적응하고 긍정적인 변화를 가져올 수 있도록 내담자와 대화를 나누어 대처방법이나 해결방안을 모색해 보고 실천할 수 있도록 지도하는 것이 필요하다.

- 학교생활에서 어떤 부분이 어려운지 또는 즐거운지?
- 친구나 교사와의 관계 등이 원활하지 못할 경우는 어떤 요인이 작용을 하고 있는지?
- 관계개선을 하고 학교생활에 적응하기 위해서는 어떤 부분이 변해야 하는지?
- 그 같은 변화를 위해 자신이 할 수 있는 것은 무엇인지? 등에 대해서도 이야기를 나누는 것이 좋다.

이렇게도 해 보세요.

유치원 아동의 경우는 유치원 생활을 그릴 수도 있으며, 일반 사회인의 경우는 직장생활을 그리게 하여 소속집단에서의 생활적응성을 파악할 수도 있다.

사 례

[그림 1-17] 학교생활화(여고생)

[그림 1-18] 학교생활화(ADHD 아동)

[그림 1-17]은 학교생활에 적응하지 못하는 고등학교 여학생의 그림이다. 수업시간에 자고 있는 자신을 선생님이 몽둥이를 들고 야단치는 모습을 그렸다. 내담자는 학교의 규칙, 선생님의 체벌, 편애 등 불만을 많이 토로하였다. 내담자의 어려움과 불만에 대해 공감을 한 뒤 "만약 네가 선생님이라면 이런 학생들을 어떻게 지도할 것 같으냐?"라고 묻자 "내가 교사라면 이런 학생들을 지도할 수 없을

것 같다. 학교를 그만둘 것이다." 라고 이야기를 하면서 선생님의 고충을 이해할 수 있을 것 같다고 하였다. 앞으로 학교생활을 좀 더 잘하기 위해서는 자신이 할 수 있는 작은 일들부터 생각해 보라고 하자, '학습준비물 챙겨오기' '수업시간에 과자 먹지 않기' '수업시간에 자지 않기' '지각하지 않기' 등을 제시하였다. 이 목록을 행동과제로 제시하고 매일 매일의 학교생활을 통하여 자신의 실천 여부를 체크하도록 지도하였다. 아이들의 행동이 조금씩 변하기 시작했으나 다시 원래의 행동으로 돌아갔다가 좋아지기를 반복하였다. 상당한 인내심이 필요했고, 학생들의 잘못된 행동을 지적하기보다는 행동이 변하는 시점을 놓치지 않고 긍정적인 강화를 통하여 내담자의 노력을 인정해 주고 관심을 가지는 것이 무엇보다 중요함을 인식해야 할 필요가 있을 것이다.

[그림 1-18]은 초등학교 4학년 남자아동으로 주의력결핍 과잉행동의 경향이 있는 아동의 그림이다. 수학시간에 선생님과 친구들은 공부하고 있으나 내담자는 오른쪽 아래쪽에 있는 뒤돌아보고 있는 아동으로, 뒤에 있는 친구와 이야기하고 있으며 책상으로 자신을 포위시키고 있다. 그림의 표현이 아주 활동적이며 에너지가 많이 나타나 과잉행동아의 특성을 잘 나타내고 있다.

12. 풍경구성법

풍경구성법(LMT: Landscape Montage Technique)은 1969년에 나카이(中井久夫) 교수에 의해 창안되었다. 원래 정신분열증 환자를 주 대상으로 하여 모래상자 요법의 적용 가능성을 결정하는 예비검사로 고안되었으나 현재는 진단 및 치료기법으로 널리 활용되고 있다.

1) 목표

내담자의 의식과 무의식을 탐색하고, 치료가능성을 평가한다.

2) 준비물

A4 용지(내담자의 욕구에 따라 크기 조절), 사인펜(보통 검은색 사인펜), 크레파스 혹은 색연필

3) 방법

① 치료사가 검은색 펜으로 용지에 테두리를 그려 내담자에게 제시한다.

② 지시사항에 따라 그림을 그리게 한다.

*지시문: "지금부터 풍경화를 그릴 거예요. 그림을 잘 그리거나 못 그리는 것은 중요하지 않습니다. 내가 당신에게 말하는 순서대로 그려주세요. 10개의 항목으로 하나의 풍경화를 만듭니다."

③ 내담자에게 10개의 항목(강, 산, 논(밭), 길, 집, 나무, 사람, 꽃, 동물, 돌)을 차례대로 불러주고 내담자는 검은색 펜으로 순서대로 풍경을 그린다. 그림을 그릴 때 10가지를 미리 제시하지 말고 하나씩 하나씩 불러주도록 한다.

④ 그린 후 "그 외 추가로 더 그려놓고 싶은 것이 있으면 그려 넣으세요."라고 말한다.

⑤ 그림을 다 그린 후 원하면 색칠하도록 한다. 색칠을 반드시 해야 하는 것은 아니며 원할 경우 색칠하게 한다.

⑥ 작품이 완성된 후 상담자와 내담자는 같이 그림을 보면서 묻고 싶은 부분이 있을 때 자연스럽게 물어본다.

4) 진단 및 해석기준(10가지 항목의 상징)

① 강: 무의식의 흐름에 비유할 수 있다. 무의식에 지배되어 있는 내담자는 물이 세차게 흐르는 큰 강, 물이 넘쳐흐르는 그림을 그리는 경우가 많다.

② 산: 그리는 사람의 주어진 상황과 앞으로의 전망을 나타내며 또는 극복해야

할 문제의 수를 시사하기도 한다.

③ 논(밭): 그린 사람의 마음이 지향하고 있는 때를 암시한다. 학생의 경우는 면학과 관계가 있으며 과제나 의무와도 관련이 있다.

④ 길: 의식적인 영역을 나타내며, 나의 인생과 방향을 암시한다. 만약 길이 다리와 연결되면 안심할 수 있다.

⑤ 집: 성장해 온 가정상황을 나타낸다. 자신이 가정상황과 가족관계에 대한 감정과 인지, 태도를 나타낸다. 현재의 가정에 대한 시각뿐만 아니라 원하는 미래의 가정이나 과거의 가정을 나타내기도 한다.

⑥ 나무: 기본적인 자아상을 나타내는 것으로 피험자가 자신의 마음의 평형상태에 대하여 어떻게 느끼고 있는가를 나타내며 피험자의 정신적 성숙도의 정도를 표시하고 있다.

⑦ 사람: 자신의 현실상이나 이상상을 나타내며 자기에게 의미 있는 사람 혹은 인간 일반을 어떻게 인지하고 있는가를 나타낸다.

⑧ 꽃: 아름다움과 사랑을 상징하며, 성장 발달의 상징이기도 하다. 일반적으로 여성스러움을 의미하고 강조하는 경우에 그리는 일이 많다.

⑨ 동물: 동물 자체가 상징성을 나타낸다. 분열증 환자나 대인공포증 환자는 토끼를 그리는 경향이 있고 등교거부 아동은 소나 말을 그리는 경향이 있다.

⑩ 돌: 단단함, 냉정, 불변성을 나타내며, 큰 돌이나 큰 바위가 전방을 가로막고 있으면 장애가 되고 짐이 되는 어려움을 나타낸다.

5) 상담과정으로의 적용

위에서 항목의 상징에 대해 기술하였으나, 그림에서는 풍경 전체의 느낌이 중요하며 치료사는 작품을 비판하고 상징성을 보는 것이 아니라 내담자와 교류하는 것이 중요하다.

다음의 내용에 대해 내담자와 상담자가 서로 이야기를 나누면서 상호작용을 한다.

- 풍경이 마음에 드는지 혹은 마음에 안 드는지 느낌은 어떤지?
- 풍경의 계절과 날씨는 어떠한가?
- 몇 시 정도의 풍경인가?
- 강, 바다의 흐름은 어디에서 어디로 흘러가는가? 그 강은 깊은가?
- 산 저편에 무엇이 있는가?
- 사람은 무엇을 하고 있는가?
- 자유롭게 그려 넣은 것은? 등에 대해 서로 이야기를 나눈다.

사 례

[그림 1-19] LMT(정신분열증 환자)

[그림 1-20] LMT(여고생)

[그림 1-19]는 정신분열증 환자가 그린 풍경구성법으로 모든 풍경 항목을 구성하지 않고 그냥 나열하는 형식으로 표현하여 구성이 포기된 상태다. 이러한 표현은 정신분열증 환자나 지적 수준이 낮은 내담자들에게서 볼 수 있는 그림이다.

[그림 1-20]은 가출의 경험이 있는 여고생이 그린 그림이다. 그림의 표현에서 푸른색의 집, 검은색으로 적게 그려진 인물상, 양쪽으로 나누어진 길 등이 표현되었다. 상담과정에서 "이 아이는 무엇을 하고 있니?"는 질문에 "집으로 돌아가고 있다."고 표현하였다. 집의 분위기에 대해서는 차갑게 느껴진다고 한다. 이 집에는 누가 살고 있느냐고 묻자 내담자는 아버지, 엄마, 오빠와 자신이 살고 있

다고 하였다. 그러나 실제로는 부모님이 이혼한 상태로 할머니와 아버지, 오빠와 함께 살고 있었기 때문에 상담자가 “어머니가 많이 보고 싶구나.”라고 공감을 하자 내담자는 울면서 자신의 불만을 이야기하였다. 할머니에 대한 반감과 어머니에 대한 그리움을 나타내고 집으로 돌아가고 싶지 않은 자신의 심정을 토로하였다.

제2부

치료기법

제2장

신뢰형성

1. 자유화

자유화(free drawing)는 미술치료에서 자주 사용되는 기법으로 치료자가 특별한 주제를 주지 않고 내담자 자신이 그리고 싶은 것을 자유롭게 표현하도록 한다.

1) 목표

내담자의 현재 생각, 욕구, 감정 등을 파악하고 감정을 이완시킨다.

2) 준비물

크레파스, 도화지(8절 도화지나 4절, 2절 도화지 등 다양한 크기의 종이)

3) 방법

① 내담자에게 "당신이 그리고 싶은 것을 마음대로 그릴 수 있어요. 어떤 종이에 그리고 싶은지 선택해 보세요."라고 하면서 내담자 자신이 그리고 싶은 종이를 선택하도록 한다.

② 자신이 그리고 싶은 것을 그리도록 한다.

③ 그림을 다 그렸으면, 그 그림이 어떤 내용인지, 무엇을 표현한 것인지 내담자로 하여금 자신의 작품에 관해 이야기하도록 한다.

④ 내담자에게 질문을 하고 싶을 때는 내담자의 수준에 맞추어야 한다.

⑤ 내담자가 그린 작품을 소중히 다루어 준다(예를 들면, 이젤에 놓고 조금 떨어져서 감상하게 하거나, 작품 보관에 유의해서 다음 회기에 왔을 때 자신의 작품이 소중하게 보관되어 있다는 것을 알게 해 준다.).

4) 상담과정으로의 적용

① 내담자가 그림을 그릴 때, 빨리 완성하는 경우도 있고, 완성이 지연되는 경우도 있다. 이럴 때, 치료자는 내담자의 작업속도에 맞추어 주는 것이 좋다. 특히 천천히 그리라든가, 빨리 그리라고 간섭하지 않고 자유롭게 할 수 있도록 한다.

② 미술치료는 결과물이 중요한 것이 아니라 그림을 그려가는 과정이 중요하므로 내담자가 어떻게 그림을 그려가는지 잘 관찰한다.

③ 내담자의 그림을 관찰할 때, 너무 빤히 쳐다보거나 치료자가 경직된 상황에서 관찰하는 것은 좋지 않다. 자연스럽게 지켜보는 것이 가장 좋다.

④ 그림을 그릴 때, 부담스러워하거나 시작을 어려워하는 내담자일 경우, 하얀 도화지보다는 바탕에 무늬가 있거나, 신문지나, 색지 등을 활용하거나, 종이 가장자리에 테두리선을 그어서 심리적으로 안정을 주어 시작하는 것도 좋다.

⑤ 내담자 특히 아동의 경우 그림을 통해 자신의 이야기를 표현할 때 언어화, 즉 표현을 힘들어하는 아동이 있다. 이럴 때, 지나치게 종용하지 않는 것이 좋다.

⑥ 미술치료에서 많이 사용하는 기법 중의 하나가 자유화다. 자유롭게 표현한 그림 속에 내담자의 현재의 욕구나 관심이 그대로 드러난다. 예를 들어, 내담자가 그림을 그려놓고 "만화에 나오는 그림을 그렸어요." "그냥 생각나서 그린 그림이에요."라고 대답하지만 그 그림 속에는 그 내담자의 생각이나 감정, 욕구 등이 있다는 것을 치료자는 눈여겨보아야 한다.

이렇게도 해 보세요.

내담자가 아동일 경우, 아동이 그림을 그릴 때, 치료자 자신도 그림을 그리면서 아동과 서로 친밀해지는 것도 좋은 방법이다.

사례

[그림 2-1] 자유화(생산직 여사원)

[그림 2-2] 자유화(초등학생)

[그림 2-1]의 사례는 모 기업에 근무하고 있는 여사원의 그림이다. 처음엔 그림 그리는 것을 어색해하며 머뭇거리더니 크레파스를 들고 그림을 그려나갔다. 그림을 그리고 난 다음 그림을 한번 보도록 하였다. 그랬더니 눈물을 흘리면서 한참 동안 말을 잇지 못했다. 그림의 내용은 자신의 현재 생활이 너무 힘들어서 회사생활을 그만두고 싶어, 부모님께 회사생활을 그만두겠다고 말했지만, 어머니는 집안형편도 좋지 않은데, 자신마저 회사생활을 그만두면 어떻게 살아갈 수 있냐고 말해 자신의 마음이 너무 힘들다고 표현하였다.

이 그림에서 나타난 바와 같이 뾰족한 산 위에 집을 위치시킴으로써 자신과 가족 간의 밀착이 너무 강하며, 가정에 대해 힘듦과 불안이 여실이 드러나고 있다.

[그림 2-2]는 초등학생의 자유화다. 학교적응에 어려워하는 아동으로 어머니에 의해 의뢰된 사례다. 아동은 자유화를 표현하였는데, 거대한 공룡과 화산을 표현하였다. 그래서 상담자는 어떤 공룡을 그렸냐고 물어보니 육식동물을 잡아먹는 공룡이라고 했다. 그러면서 그림에 나오는 공룡을 보면서 육식공룡인데 초식공룡을 잡아먹으려는 공룡이라고 했다. 이 그림을 보면서 상담자가 자신의 상황을 연상해 보라고 지시했을 때, 내담자가 자신의 학교생활에서 선생님의 권위에 억압되는 자신의 상황이라고 하였다. 그림에서의 상징을 자신의 모습과 직접적으로 연관시키면서 카타르시스를 할 수 있는 상황이었다.

2. 콜라주: 자유롭게 표현하기

콜라주(Collage)는 불어로 '풀로 붙인다' 는 의미의 '꼴레' 에서 유래된 것으로 가위나 칼을 사용하여 형상 또는 형상들의 요소를 잘라내어 풀로 붙이는 기법이다.

내담자의 관심과 흥미를 분명히 해 주며, 사진이나 그림만을 이용하여서도 자신의 감정을 쉽게 나타낼 수 있다. 그리하여 자신의 심상을 발견하거나 자신을 개발시켜 줄 수 있다. 부적절한 감정 및 욕구불만 등의 내적 욕구표현에 있어서도 많은 효과가 있고 퇴행이 잘 표현된다(Kawasima, 1994). 또한 환자가 작품을 만들고 이야기해 나가는 과정 자체가 치료의 효과를 거둘 수 있고, 치료자는 작품에 나타난 그림들의 내용, 화면의 색채, 구도, 이야기 내용들을 통해 환자를 이해하고 치료를 진행시켜 나갈 수 있다(Sogen, 1993).

1) 목표

내담자의 현재 심리적 상황에 대해 인식하고, 내담자로 하여금 편안하게 미술치료 장면으로 관여하게 한다.

2) 준비물

컬러 그림이나 사진의 내용이 다양한 잡지책 또는 콜라주 박스, 종이, 풀, 가위

3) 방법

＊지시문: "잡지책이나 콜라주 박스에 있는 그림 중에서 당신의 마음에 드는 그림이나 글자를 오리거나 찢어서 종이에 붙여보세요."

① 콜라주는 성인, 노인 내담자일 경우 또는 처음 미술치료를 접할 때 쉽게 접근할 수 있는 매체이므로 그림을 그리는 것보다 훨씬 용이하게 자신을 표현할 수 있다.

② 내담자에게 선택한 그림이나 글자의 의미를 언어로 표현하도록 한다. 이때, 치료자는 내담자가 표현한 상징적인 콜라주와 자신의 모습을 통찰할 수 있도록 도와준다(치료자는 내담자에게 적절한 질문을 통해 내담자가 자신을 생각할 수 있는 기회를 줄 수 있다.).

③ 내담자가 자신의 작품을 언어로 표현할 수 있도록 치료자는 여유 있게 기다려 준다.

4) 상담과정으로의 적용

① 콜라주의 준비물을 준비할 때, 특히 잡지책을 이용할 경우, 내담자의 연령이나 성별을 고려해서 준비한다. 예를 들면, 내담자가 아동일 경우는 아이들이 볼 수 있는 잡지책, 남자 내담자일 경우 남자들의 관심거리들이 있는 잡지책, 예를 들면 낚시, 자동차 등에 관한 잡지책을 준비하는 것이 좋다. 즉, 내담자의 발달시기에 따라 잡지책을 구비하여 내담자에게 다양한 선택의 기회를 제공해 주도록 한다.

② 콜라주 작업은 미술치료 초기에 실시하면 작업 참여에 대한 어색함을 줄이고 쉽게 미술치료 장면으로 몰입할 수 있다.

이렇게도 해 보세요.

① 콜라주를 실시할 때, 잡지책을 제공하기도 하고, 잡지책의 그림을 미리 분리하여 바구니(콜라주 박스)에 담아놓고, 그림을 선택하도록 할 수도 있다.

② 콜라주를 실시할 때, 다양한 오브제(여러 가지 재활용품이나, 곡물, 자연물 등)를 사용하는 것도 좋은 방법이다.

사 례

[그림 2-3] 남편의 콜라주

[그림 2-4] 아내의 콜라주

틱 증상을 보이는 초등학교 1학년 아들을 의뢰한 부모의 미술작품이다. 부모는 아동의 틱으로 인해 많이 고통스러워하고 있음을 호소하였으며, 아이문제만 해결되면 행복할 것 같다고 하였다. 매 회기마다 아동의 문제를 호소하여, 이 회기는 아동의 부모를 상담하였으며, 치료자는 부모에게 콜라주 작업을 하도록 요구하였고 [그림 2-3]과 [그림 2-4]는 부모의 콜라주다.

두 사람의 작품의 공통성은 두 사람 모두 자신의 상황에 몰입되어 있다는 것이다. 아내는 자신이 원하는 물건, 보석 등을 선택하였으며, 남편은 쉬고 싶은 자신의 욕구를 표현하였다. 두 사람 모두 아이 문제를 호소하였지만 작품에서는 아이 문제는 전혀 나타나지 않았다. 이 회기를 통해 두 사람이 서로의 문제를 해결하지 못하고 자신에게 몰입하고 있는 것으로 인해 아동에 대한 관심이 피상적이었다는 것을 알게 되었다.

3. 점토작업

만들기 쉽고 마음대로 되는 점토의 성질은 점토를 힘껏 쥐고, 굴리고, 형태를 만들려는 충동에 의해 인간의식의 깊이를 끌어내게 된다. 또한 점토를 통한 예술치료과정은 창조성 계발에 필수적인 촉각과 시각 기능 모두를 끌어내게 한다.

1) 목표

자유로운 표현으로 자신의 내면을 쉽게 드러내고, 이완을 촉진하고 내담자로 하여금 유연성을 증가시킨다.

2) 준비물

점토, 조각칼, 신문지나 나무판

3) 방법

① 내담자에게 점토를 제공한다. 내담자가 원하는 양만큼 사용할 수 있도록 한다. 마음껏 두들기고 주물러 보도록 한다.

*지시문: "점토를 주물러 보기도 하고 마음껏 두들겨도 보세요. 자, 충분히 주무르거나 두들겨 본 다음에 이 점토를 가지고 당신이 만들고 싶은 것을 만들어 보세요."

② 내담자가 작업을 완성할 수 있도록 시간을 준다.

③ 작품을 완성하였으면 작품에 대해 이야기를 나누도록 한다.

4) 상담과정으로의 적용

미술치료에서 사용하는 매체 중 점토나 찰흙이 내담자에게 가장 이완을 줄 수 있는 매체다. 따라서 이완이 필요한 내담자에게는 적절한 매체이나 미술치료에 대해 긴장이 높거나, 완고한 성향을 지닌 성인내담자에게 처음부터 갑작스레 점토나 찰흙을 사용하는 것은 좋지 않다. 그리고 정신분열증 환자에게도 점토나 찰흙부터 시도하는 것은 좋은 방법이라 할 수 없다. 정신분열증 환자들은 정신적 와해가 높기 때문에 찰흙이나 점토보다는 이완이 낮은 것을 먼저 사용하는 것이 좋다.

치료자는 내담자가 자연스럽게 자신의 감정을 발산할 수 있도록 도와주고, 여러 가지로 구조화한 내용을 지시할 수 있다. 예를 들면, 점토로 '자신의 장점과 단점' 을 찾아볼 수도 있고, '과거, 현재, 미래의 모습' 을 표현할 수도 있고, 매체가 지닌 유연성을 참조하여 치료자가 내담자에게 지시할 수 있다.

통제나 억압이 많은 내담자인 경우는 점토 사용을 힘들어하는 경우도 있다. 이때는 너무 강요하지 않는 것이 좋다.

이렇게도 해 보세요.

내담자에 따라서는 점토라는 매체가 유연성을 부여하므로 많은 양의 점토를 사용하고 싶어 하는 경우가 있다. 이럴 땐 큰 통에다가 많은 양의 점토를 준비해 놓고, 내담자가 선택하고 싶은 만큼 사용하도록 하는 것이 좋다.

사 례

[그림 2-5] 초등학교 1학년 아동의 점토작품

[그림 2-6] 군 복무 중인 내담자

[그림 2-5]는 초등 1학년 여아의 점토작업으로 달팽이를 표현하다가 갑자기 하

트를 만들고는 달팽이 등 위에 달아두었다. 모에 대한 애정을 요구하고 있는 것으로 사랑받고 싶어 하는 자신의 욕구를 표현하고 있다.

[그림 2-6]은 군 복무 중인 남자 내담자로 군 생활의 힘듦과 구속되어 있는 상황이 자신을 너무 힘들게 하고 있다고 호소하면서 창살에 갇혀 있는 자신을 표현하였다.

4. 풀그림

1) 목표

내담자로 하여금 유연성을 경험하고 자신의 내면을 카타르시스하도록 한다.

2) 준비물

풀죽, 물감, 비닐, 도화지(4절 또는 2절), 입구가 넓은 그릇(혹은 깨지지 않는 플라스틱 접시)

3) 방법

① 풀그림은 매체가 유연한 특성을 가지고 있으므로 긴장감을 줄이고, 내담자를 이완시킬 때 사용할 수 있다.

② 먼저 치료자가 풀죽(밀가루에 물을 넣어서 풀어 놓은 것을 열에 가열하여 걸쭉할 때까지 계속 저어준다. 완성된 풀죽을 준비해둔다. 아니면 도배 풀을 사용할 수도 있다.)을 준비해둔다.

③ 풀그림에 대해 간단하게 설명한다. "풀그림은 풀에 원하는 색의 물감을 짜서 섞은 뒤에 손으로 찍어서 비닐이나, 종이에 그림을 그려보세요."

④ 원하는 색깔의 물감을 내담자가 스스로 선택하도록 하고, 짜서 섞어 보고, 그림으로 표현할 때까지 치료자는 지켜봐 준다.

⑤ 풀죽을 이용하여 표현할 때, 테이블 위에 비닐을 깔아 주어 내담자가 마음껏 표현하게 할 수도 있다.

⑥ 표현을 하고 난 다음 내담자의 느낌이 어떤지 물어보고, 자신이 표현한 것을 보고 무엇이 떠오르는지, 무엇이 생각나는지 표현할 수 있도록 한다.

4) 상담과정으로의 적용

풀그림은 아주 유연한 매체이므로 지나치게 과활동적인 아동일 경우는 통제가 조금 이루어진 후 풀그림을 하는 것이 좋다. 왜냐하면 통제가 어려워 작업실에서의 과활동을 더욱 야기시키게 되는 결과를 초래할 수도 있기 때문이다.

이렇게도 해 보세요.

내담자가 아동일 경우 풀죽을 만들 때 치료자가 내담자인 아동과 함께 만들어 보는 것도 좋은 방법이 될 수 있다. 또한 풀 그림을 그릴 때, 풀과 다른 찰흙이나 지점토, 색 모래 등을 함께 사용하는 것도 좋다.

사 례

[그림 2-7] 풀그림(초등학교 여아)

실수하기를 두려워하고 무엇이든 잘하고 싶어 하는 아동의 풀그림으로 조심스럽게 하늘과 잔디밭을 표현하고 있다.

5. 가족체계진단

가족체계진단(Family systems diagnostic procedure)은 Landgarten(1987)에 의해 개발된 기법으로 가족미술치료 상황에서 치료자가 내담자 가족을 위한 필수적인 탐색도구로 사용하는 미술과제로써 가족에게 상호작용의 경험을 하도록 해 준다. 이 기법은 일차적으로는 과정을 통해서, 이차적으로는 내용을 통해서 고찰된다. 비록 1회의 면접일 경우에도 치료자는 집단형태와 마찬가지로 가족체계를 형성하는 일련의 사건들을 볼 수 있다. 가족이 하나의 작품을 창조하는 일에 개입하는 그 순간부터 각 가족구성원들의 행동이 구체적으로 기록된다. 이와 같은 인과관계는 관찰 가능한 것으로, 치료자는 가족구성원 개개인을 평가할 수 있다.

1) 목표

접수면접이나 상담 초기에 가족관계나, 부부, 부모-자녀관계에서의 역동이나 동맹, 권위 등을 파악한다.

2) 준비물

전지, 4절 캔트지, 8절 캔트지, 크레파스나 매직펜 등

3) 방법

① 가족 전원이 하나의 미술작업에 참여할 것이라는 것을 알려준다. 내담자들이 미술활동에 내해 부담을 갖게 되면, 미술활동이 가족집단을 검사하기 위한 표준화된 방법이라는 것을 알려주어, 가족의 저항을 감소시킨다. 그리고 각각의 가족은 독특하므로 자기표현의 자유가 있고, 이러한 가족원의 표현을 통해 가족원 각자의 고유한 방식을 발견하게 된다고 말해 주어서 내담자들을 더욱더 촉진시킨다.

② 전지와 다양한 매체를 제공한다(종이는 전지를 제공하나 가족원이 다른 크기의

종이를 원할 땐 자유롭게 하도록 허용할 수 있다.).

③ 세 가지의 지시사항에 따라 단계별로 실시한다.

- 팀별 비언어적 공동화

*지시문: "가족을 두 팀으로 나누어 보세요. 그리고 종이에 다양한 색깔의 크레파스 중 한 가지 색을 선택하여 말하지 않고, 그리고 싶은 대로 그려보세요. 무엇이든 자유롭게 그릴 수 있습니다. 그림이 완성되면 서로 의논하여 제목을 붙여보세요."라고 지시한다. 작업이 끝나면 두 번째 지시를 하면서 다음의 작업을 제시한다.

- 비언어적 가족 공동화

*지시문: "전 가족이 한 장의 종이에 함께 작업을 할 것입니다. 먼저 언어적 혹은 비언어적으로 의사소통하는 것을 금하고, 자신이 원하는 색 한 가지를 선택하여 말하지 말고 그림을 그려주세요. 단지 완성된 작품에 제목을 붙일 때만 서로 이야기할 수 있습니다."

- 언어적 가족 공동화

*지시문: "전 가족이 한 장의 종이에 함께 작업을 할 수 있습니다. 이번에는 서로 자유롭게 이야기하면서 그림을 그릴 수 있습니다. 색깔은 한 가지만 선택하여 그림을 그리고, 완성된 후 의논하여 제목을 붙여주세요."

④ 위의 세 가지 지시에 따라 차례대로 그림을 그리게 하고 치료자는 가족원이 매체를 선택하는 과정이나 그림에서 누가 먼저 시도하는지 등을 체크한다.

⑤ 가족원들이 그림을 완성한 후에 각자의 그림에 대해 표현하도록 한다.

⑥ 가족원 각자의 느낌을 말할 수 있도록 한다.

⑦ 치료자는 가족들의 협동화를 그리는 과정을 관찰하고, 관찰한 부분에 대해 가족들에게 피드백한다.

4) 상담과정으로의 적용

아래의 17가지 항목에 유의하며 관찰한다.

① 누가 그림을 처음 시작했으며, 그 사람으로 하여금 처음 시작하도록 이끈 과정은 무엇이었는가?

② 구성원들 중 나머지 사람들은 어떤 순서로 참가했는가?

③ 어느 구성원의 제안이 채택되었으며, 어느 구성원의 제안이 무시되었는가?

④ 각자의 개입 정도는 어떠했는가?

⑤ 미술작업에 전혀 참여하지 않은 사람은 누구였는가?

⑥ 누군가의 그림 위에 다시 첨가함으로써 처음 사람이 한 것을 '지워버린' 사람은 누구였는가?

⑦ 어떤 형태의 상징적인 접촉이 이루어졌으며, 누가 이것을 시도했는가?

⑧ 구성원들은 교대로 했는가, 집단으로 했는가 혹은 두 가지를 동시에 했는가?

⑨ 각자의 위치는 어떠했는가?(중앙, 끝, 구석)

⑩ 만일 방법에 있어서 변화가 있었다면, 무엇이 변화를 촉진했는가?

⑪ 각자는 얼마나 많은 공간을 차지했는가?

⑫ 각자의 분담이 상징적으로 의미하는 것은 무엇인가?

⑬ 어느 구성원이 독자적으로 행동했는가?

⑭ 누가 시초자로 행동했는가?

⑮ 누가 추종자 혹은 반응자였는가?

⑯ 정서적 반응들이 있었는가?

⑰ 가족의 작업형태는 협동적, 개별적 혹은 비협조적이었는가?

치료자는 언어적, 비언어적 상호작용과 더불어 가족체계에 관한 정보를 얻을 수 있다. 따라는 치료자는 자아의 강약, 가족 내에서의 가족의 역할, 의사소통유형 그리고 가족의 상호작용 형태에 대해 바르게 이해할 수 있는 이점이 있다.

치료자가 내담자 가족에게 가족 역할에 대해 토론하도록 함으로써, 가족은 자신들의 가족패턴을 살펴보게 된다. 면접이 끝나기 전에 치료자는 가족체계의 유지를 위해 관찰한 것을 언급해야 하고, 언어적으로 진술한 상호작용의 평가는 완성된 시각적인 작품을 통해 더욱 명백해진다.

사 례

등교거부로 의뢰된 여고 1학년 학생 가족의 비언어적 가족공동화다. 각 가족원들은 각자 자신의 영역에서만 그림을 그리고 서로 개입하거나 협력하지 않았다.

[그림 2-8] 비언어적 가족화

아버지는 '열심히 일한 뒤에 휴식을 취하고 있는 자신(오른쪽 상단 그림)' 어머니는 '딸아이의 등교거부로 인해 다 타버린 자신의 심장(오른쪽 하단 그림)' 남동생은 '게임에 나오는 군함(왼쪽)' 그리고 본인은 '가족(중간)'을 표현하였다. 이를 통해 IP는 가족으로부터의 분리가 어렵다는 것과 가족의 인정을 원하고 있음을 가족들이 발견할 수 있었다.

이런 책을 참고하세요

Landgarten, H. (1987). *Family art Psychotherapy*. New York: Brunner/Mazel.

6. 난화

난화(scribble)는 Cane(1954), Naumburg(1966)가 개발한 기법으로 그림을 그린 사람의 무의식 속에 잠자고 있는 상상을 표출시키고 저항감을 줄이는 데 도움을 줄 수 있다.

1) 목표

① 치료자와 내담자 간의 신뢰감을 형성한다.
② 내담자에게 저항감을 줄일 수 있다.
③ 내담자 스스로가 자신의 문제를 인식하게 해 준다.
④ 자신의 무의식을 의식화시키는 데 도움을 준다.

2) 준비물

다양한 크기의 종이, 연필, 크레파스나 색연필

3) 방법

① 먼저 팔을 돌리거나 전신을 움직이면서 경직되고 억제된 몸과 마음을 이완시킨다.
② 종이에 직선이나 곡선 어떤 것이라도 자유롭게 선을 그린다.
③ 그려진 선을 이리저리 돌려 보면서 이미지를 떠올린다.
④ 이미지가 떠오르면 선을 더 첨가하거나 색칠을 하여 이미지를 구체화한다.

4) 상담과정으로의 적용

① 연상작업을 통하여 난화에서 찾은 그림을 내담자의 심리 및 생활과 관련시켜 이야기를 나눈다.
② 그림이 자신에게 보내는 메시지를 찾아본다.

〈그림을 돌려보고 심상을 찾아 색칠해 보세요.〉

사례

[그림 2-9] 난화(초등학교 2학년 남아)

[그림 2-9]의 난화는 초등학교 2학년 남아의 작품으로 물고기, 미역, 불가사리 등이 있는 바다 속의 모습을 표현하였다. "이 중에서 자기의 모습이 있다면 어느 것일까?" 라고 묻자 "분홍색의 물고기" 라고 말하고, "지금 무엇을 하고 있니?" 라고 묻자 "물 밖으로 나가고 싶어 한다." 고 대답하였다. 분홍색 물고기를 가로막고 있는 검은색 물고기는 아버지가 연상된다고 하면서 친구 물고기의 도움을 받아서 물 밖으로 나갈 수 있을 것이라고 하였다. "물 밖에 나가면 어떠할 것 같으냐?" 고 묻자 "매연이 많고 복잡할 것 같지만 그래도 나가고 싶다." 고 하였다. 이 아동은 아버지의 가정폭력으로 인하여 어머니와 쉼터에서 생활하고 있는 아동으로 쉼터에서 나가면 위험할 것이라고 생각하지만 쉼터 안에서의 생활이 답답하여 나가고 싶은 욕구가 많음을 시사하였다.

이렇게도 해 보세요.

1. 먹을 이용한 난화

먹을 이용하여 난선(난화)을 그리고 이것을 이미지화하여 색칠을 한다.

[그림 2-10] 용솟음

[그림 2-11] 해돋이

2. 실 그림을 이용한 난화

① 실에 원하는 색깔의 물감을 묻힌다.

② 물감 묻힌 실을 종이에 올린다.

③ 종이를 반으로 접어 실을 빼낸다.

④ 종이를 펴고 나타난 그림을 이용하여 이미지 작업을 완성한다.

실에 물감을 묻히기

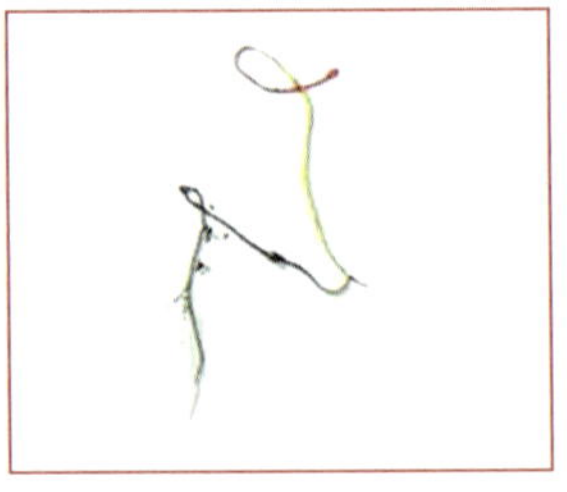

물감 묻힌 실을 종이 위에 올리기

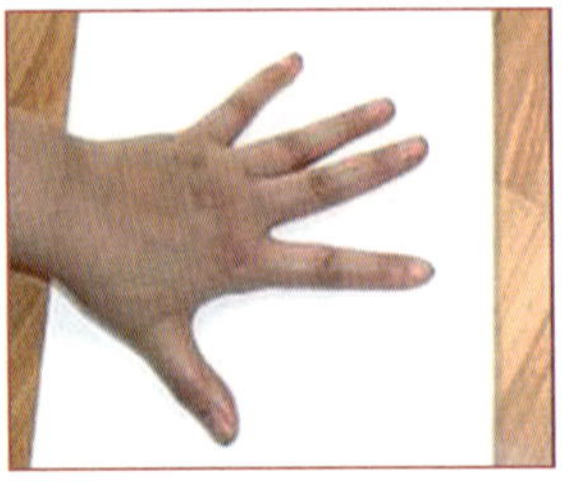

종이를 반으로 접어 실을 빼기

[그림 2-12]는 미술치료를 공부하고 있는 성인여성의 작품으로 치료자가 힘들어하는 내담자의 어깨에 손을 얹고 내담자를 격려하고 지지하는 모습으로 묘사하였다.

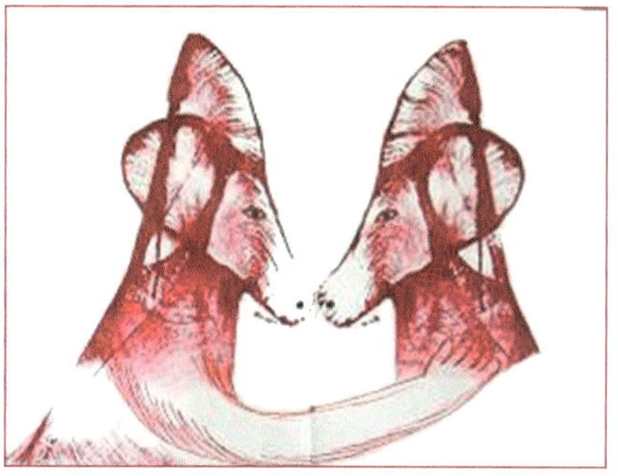

[그림 2-12] 실그림을 이용한 난화(성인여성)

3. 마블링을 이용한 난화

① 물을 담은 용기에 원하는 물감을 짠다.

② 물감이 섞이도록 잘 젓는다.

③ 종이에 물감을 떠낸다.

④ 마블링을 이용하여 이미지 작업을 한다.

⑤ 무늬가 혼란스러워 이미지 작업을 하기 힘든 경우는 마블링 작품의 느낌이나 떠오르는 생각들을 다른 종이에 그리는 방법으로 활용할 수도 있다.

물감 짜 넣기

물감과 물 섞기

종이에 물감 뜨기

이미지 작업하기

7. 난화상호이야기법

난화상호이야기법은 난화에 나카이(中井)가 만든 '테두리법'을 첨가하여 야마나카(山中康裕, 1984)가 개발한 것이다. 치료자와 내담자가 종이 한 장씩을 나누어 갖고 서로 테두리선을 그어서 교환한 뒤 난화를 만들고 치료자가 만든 난화에 내담자가 심상을 투영하여 형상을 완성하고 반대로 내담자가 만든 난화에 치료자가 심상을 투영하여 형상을 찾아 완성하는 것이다.

1) 목표

① 치료자와 내담자 간의 관계 형성에 도움을 준다.
② 내담자 자신의 무의식을 보다 쉽게 의식화시켜 주고 내담자 스스로가 자신의 문제를 인식하도록 한다.

2) 준비물

연필, 크레파스, 볼펜, 사인펜

3) 방법

① 치료자와 내담자가 종이를 한 장씩 나누어 갖고 서로 테두리선(환자가 그림을 그리기 쉽게 하며, 저항을 줄임)을 그어서 교환한다.
② 치료자가 그린 난화에 내담자가 심상을 투영하여 형상을 완성하고 반대로 내담자가 그린 난화에 치료자가 심상을 투영하여 형상을 찾아 완성한다.
③ 내담자와 치료자가 각자 다른 종이에 그린 그림이 무엇인지 이야기한다.
④ 치료자가 두 장의 그림으로 이야기를 만든다.
⑤ 내담자가 두 장의 그림으로 이야기를 만든다.
⑥ 한 장의 종이를 4등분하여 실시할 수 있다. 먼저 치료자가 종이에 테두리를 설정하여 제시하면 내담자(치료자)가 난화를 그리고 치료자(내담자)가 이미지화하여 그림을 그린다. 이것을 반복하여 지면의 네 곳을 모두 그린다. 그린 후 그린 순서에 관계없이 서로 이야기를 꾸며 나간다.

4) 상담과정으로의 적용

난화상호이야기법은 상담자와 내담자 간의 비언어적, 언어적 의사소통을 통하여 서로 간의 관계를 형성하는 데 효과적이므로 상담 초기에 사용해도 좋다. 이미지화한 그림의 연상작업을 통하여 내담자의 무의식을 의식화하고, 내담자의 현재의 심리상태 및 생활과의 관련성에 대해 살펴보는 것이 좋다.

사례

내담자는 초등학교 3학년 남학생으로 부모님이 이혼한 상태에서 할머니와 함께 살고 있으며 아버지는 재혼하여 따로 살고 있었다. 상담 첫 회기에 치료자와 함께 한 난화상호이야기다. 치료자는 푸른색으로, 내담자는 검정색으로 작업을 한 후 이야기를 만들었다.

T: 어떤 소년이 창문을 내다보고 있었다.

[그림 2-13] 난화상호이야기

C: 소년이 창문을 열면서 차를 마시고 있어요.

T: 저 건너편 공장에서 시커먼 연기가 나고 있었다.

C: 어떤 회사 주인이 말을 잘 듣지 않는 코끼리를 데리고 일을 시켰다. 그래서 공장 일이 빨리 끝나지 않았어요.

이상의 난화상호이야기를 통하여 "왜 코끼리가 말을 듣지 않을까?" 라고 물으니 "전 주인이 보고 싶은데 갈 수도 없고 속이 상해서 말을 듣지 않는다." 며 어머니에 대한 그리움을 상징적으로 표현하였다.

8. 난화게임

난화게임(SDG: Squiggle Drawing Game)은 Claman이 Gardner의 '이야기하기(storytelling)' 기법과 Winnicott의 '난화(squiggle)' 기법을 응용하여 만든 것으로, 내담자에게 종이에 난화(직선, 곡선, 지그재그, 원 등)를 그려 주고 난화를 이용하여 그리고 싶은 것을 그려 난화를 완성하고 그 후 그림의 내용과 그릴 때의 느낌 등에 대해 이야기한다.

1) 목표

① 내담자와의 의사소통을 증진시킨다.
② 치료자와 내담자 간에 친밀감을 형성한다.

2) 준비물

A4 용지, 연필, 지우개, 크레파스나 색연필

3) 방법

① 상담자가 종이에 단순한 선(직선, 곡선, 지그재그선, 원 등)을 그려 내담자에게 제시한다.
② 상담자는 "이 그림을 이용하여 그리고 싶은 것은 무엇이든지 그려도 좋아요."라고 이야기한다.
③ 상대방이 그려 준 난선를 이용하여 그리고 싶은 것을 그려 난화를 완성한다.
④ 질문에 대해서는 "원하는 대로 하세요."라고 응답한다.
⑤ 그림을 완성했을 때 그림의 내용과 그릴 때의 느낌에 대해 이야기를 나눈다. 그리고 그림의 의미를 명료화하기 위해 "무슨 일이 일어났을까?" "그것은 어떻게 느낄까?" "그 전에 무슨 일이 일어났을까?" "다음에 무슨 일이 일어날까?" 등 질문을 한다.
⑥ 질문 후 내담자가 했던 것과 같은 방식으로 상담자가 그림을 그리고 이야기를 만든다.
⑦ 작품의 질, 외형적인 특성, 그림의 주제, 이야기의 줄거리와 아동의 태도를 관찰하여 아동의 정서 상태나 대인관계의 특성을 파악한다.

사례

[그림 2-14], [그림 2-15], [그림 2-16]은 기본적으로 제시한 선이며 그것을 이용하여 그림을 그린 것이 다음 [그림 2-17], [그림 2-18], [그림 2-19]에 제시되어

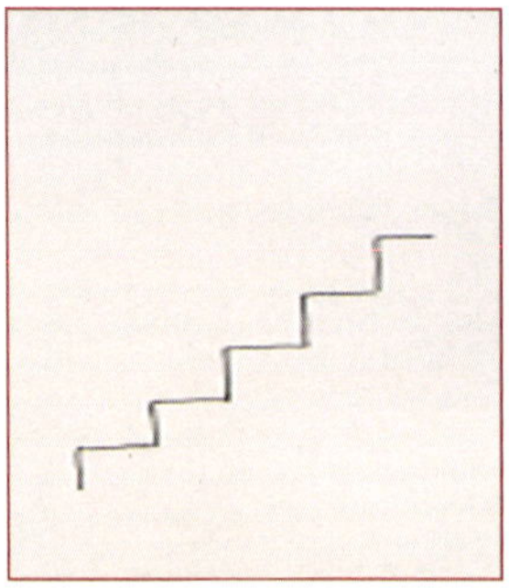

[그림 2-14]

[그림 2-15]

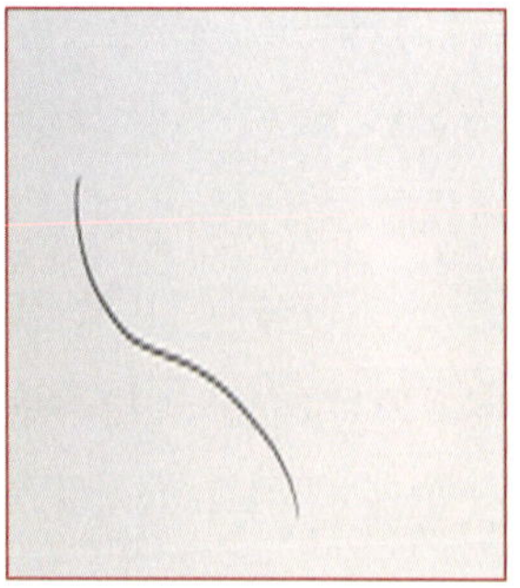

[그림 2-16]

있다. 이것은 미술치료 워크숍에서 작업했던 내용으로 각자 그린 그림들 중 세 개의 그림을 선택하여 이야기 만들기를 하였다. 그중 하나를 소개한다. 이야기를 만든 사람은 50대 성인여성이었다. "이 여자가 너무 힘들어 현실을 외면하고 싶고 사람과의 관계를 단절하고 싶은 마음이 많지만 또 한편 여러 가지 여건상 자신의 혼란스러운 마음을 정리하여 새로운 다짐을 하고 있다." 고 하였다. "이 일이 있기 전에 어떤 일이 있었을까요?" 라고 하자 "이성과의 문제와 가정에 문제가 생긴 것 같다." 고 하였으며, "앞으로는 어떻게 될까?" 라는 물음에는 "이 여자가 마음을 정리하기까지 침체기가 길 것 같다." 고 하였다. 그림 속의 여자를 보고 생각

[그림 2-17]

[그림 2-18]

[그림 2-19]

나는 사람이 있는지 묻자 "잘 알고 있는 사람이 최근 어려운 일로 힘들어하고 있는데 그 사람이 생각난다."고 하였다. 이 경우처럼 자신의 문제가 아니라도 자신이 신경을 많이 쓰고 있는 문제가 있다면 이 부분이 나타날 수도 있다.

제3장

감정 다루기

1. 행복한, 슬픈, 화난 감정 표현하기

1) 목표

① 감정에 대해 이야기함으로써 누구나 다양한 감정을 가질 수 있음을 알게 하고, 그것을 표현할 수 있게 한다.

② 내담자가 치료자에게 자신의 감정을 보다 편안하게 드러낼 수 있도록 돕는다.

2) 준비물

8절지 도화지 1장(다양한 크기의 종이), 크레파스

3) 방법

① 세 가지 서로 다른 얼굴들(행복한 얼굴, 슬픈 얼굴, 화난 얼굴)을 그리게 한다([행복한, 슬픈, 화난 감정 표현하기] 양식지 참고). 얼굴 그림의 위 또는 아래 부분에 글이나 그림을 나타내야 하므로 얼굴 크기를 작게 그리도록 한다.

② 언제 행복했는지, 슬펐는지, 화가 났는지를 생각하게 한다.

③ 행복했을 때, 슬펐을 때, 화가 났을 때를 그림으로 그리거나 글로 나타내도록 한다.

④ 그림이나 글을 가지고 내담자와 치료자가 이야기를 나눈다.

- 어떤 경우에 행복하고, 슬프고, 화가 나는지?
- 행복한, 슬픈, 화난 감정들을 어떻게 표현하는지?

4) 상담과정으로의 적용

① 치료자는 내담자와 이야기를 나눌 때 먼저 행복한 감정에서 시작해서 슬픈 감정, 화난 감정 순으로 이야기를 한다.

② 슬픈 감정과 화난 감정에 대한 이야기를 나누는 과정에서 치료자는 내담자가 이런 감정이 느껴질 때 어떻게 하는지에 대해 이야기를 나누고 이전에는 하지 않았던 다른 방법으로 표현하도록 한다. 이때 치료자는 내담자가 가능한 바람직한 방법으로 표현할 수 있도록 도와주어야 하며 표현하고 난 후의 느낌을 나눈다.

③ 너무 많은 감정을 다룰 경우에는 내담자에게 혼란을 야기할 수 있으므로 연령에 따라 감정의 수를 조절해야 한다. 즉, 6세 이상의 경우에는 활동 시 감정을 네 가지로 제한하고 보다 더 어린 아동의 경우에는 더 적게 해야 한다.

④ 여러 개의 감정 중에서 적어도 하나의 긍정적인 감정이 포함되게 한다. 어떤 내담자라도 긍정적인 감정의 경험이 있으며, 이러한 감정들을 통해 내담자가 힘과 생기를 찾을 수 있기 때문이다.

⑤ 부정적인 감정을 다룰 때에는 행복한 결말을 위한 것임을 내담자에게 인지시켜 긍정적인 감정을 가질 수 있도록 한다.

이렇게도 해 보세요.

① 걱정이 많은 내담자를 위해서는 '걱정이 되는' '당황스러운' '혼란스러운' 표정을 표현할 수 있게 한다.

② 각각의 표정에 대한 느낌을 색으로 표현할 수 있다.

③ 각각의 표정에 색종이를 사용하여 표현할 수 있다.

④ 각각의 표정을 찰흙이나 점토로 만들어 그 대상에게 어떤 행동, 즉 던지거나 꼬집기 등의 행동을 할 수도 있다.

사례

[그림 3-1] 행복한, 슬픈, 화난 모습(10세 여아)

[그림 3-1]은 한 부모 가정의 아동으로 초등학교 3학년(10세)에 재학 중인 여자아이가 그린 그림이다. 행복했을 때는 전학을 와서 친구가 생겼을 때, 슬펐을 때는 인라인 스케이트를 타다가 가로등에 부딪쳤을 때, 누군가 나를 때릴 때, 화가 났을 때는 동생이 말을 안 들을 때라고 했다.

아동은 활짝 웃고 있는 행복한 얼굴을 가장 크게 그리고 전체상으로 그렸으며, 행복한 얼굴을 그릴 때가 가장 좋았다고 했다. 슬픈 감정과 화난 감정은 얼굴만 그리고 테두리로 포위시켜 행복한 감정과 분리시켰다. 치료자가 아동에게 화난 감정을 어떻게 표현하는지에 대해 질문하자 아동은 화가 나면 동생을 때리고 싶지만, 엄마에게 혼날까 봐 참고 지낸다고 했다. 그래서 치료자가 빈 의자를 제시해 주어 "여기에 동생이 앉아 있다고 생각하고 동생에게 하고 싶은 말을 모두 하고, 때리고 싶으면 발로 차거나 몽둥이로 때려도 된다."고 하자, 처음에는 주저하면서 하지 못하였다. 치료자가 아동에게 이곳에서는 "네가 하고 싶은 대로 무엇이든 표현할 수 있으며, 어떤 표현을 하더라도 괜찮다."고 하자 그때서야 용기를 내어 자신의 감정을 표현하기 시작했다.

이때 아동이 자신의 감정을 편안하게 표현하는 데 도움이 되는 것은 내담자와 치료자 사이의 충분한 신뢰감이 형성되어 내담자가 편안한 마음을 가질 때다. 내담자가 자신의 감정을 잘 표현하지 못한다면, 치료자는 이 문제에 대해 반드시 한 번 더 생각해 보아야 하며, 계속해서 내담자가 표현하는 데 어려움을 느낀다면, 조금 더 시간을 두고 기다려 주는 것이 좋다.

활동 후 내담자의 표정이 환하게 밝아졌다. 아동은 화가 나는 일보다는 행복한 일이 많았으면 좋겠다고 하여 어떻게 하면 그렇게 될 수 있는지에 대한 이야기를 나누었다. 그리고 마지막으로 치료자와 함께 행복한 표정 짓기를 하면서 회기를 마쳤다.

[그림 3-2] 행복한, 슬픈, 화난 모습(여대생)

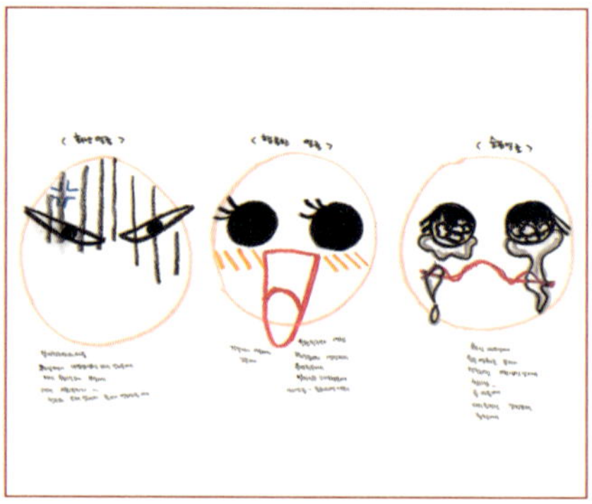
[그림 3-3] 행복한, 슬픈, 화난 모습(여대생)

[그림 3-2]와 [그림 3-3]은 여대생이 그린 그림으로 아동의 경우와 마찬가지로 감정표현의 어려움을 호소하고 있었다. 그래서 '빈 의자 기법'을 활용하여 '감정 표현하기' 연습을 하였다.

위의 세 가지 사례에서처럼 우리나라의 많은 사람들이 감정 표현에 관해 어려움을 느끼고 있다. 그러나 이 시간 이 후로는 이러한 활동을 통해 내담자가 자신의 다양한 감정을 표현할 수 있어 자신의 감정으로부터 더욱더 자유로워지고 행

[행복한, 슬픈, 화난 감정 표현하기]

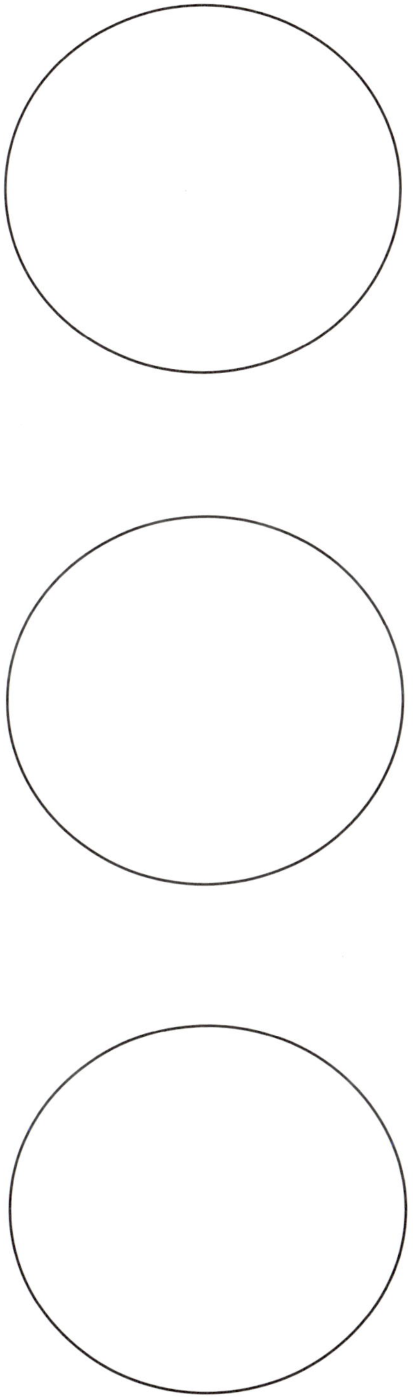

복해질 수 있을 것이다.

특히 치료자가 자신의 감정에서 자유롭지 못 하다면, 내담자의 감정적인 문제에 들어가지 못 하고, 회피나 역전이 현상으로 힘들 수 있다. 그러므로 치료자 자신이 자신의 감정으로부터 자유로울 수 있도록 훈련을 계속해 나가는 것이 중요하다.

2. 감정파이

1) 목표

다양한 감정을 인식하고, 표현할 수 있도록 도와준다.

2) 준비물

8절지 흰색 도화지 1장(다양한 크기의 종이), 크레파스

3) 방법

① 평소에 느끼는 감정(흥분됨, 놀람, 자랑스러움, 평화로움, 당황스러움, 화남, 슬픔, 실망함, 행복함, 난처함, 죄책감, 외로움 등)들에 대해 생각하게 한다.
② 종이에 원을 그리고, 내담자가 느끼는 감정들의 종류와 크기에 따라 면을 나누도록 한다([감정파이] 양식지 참고).
③ 나누어진 각 면에 감정의 이름을 붙인다.
④ 각 면에 색칠을 하게 하거나 그림을 그리게 한다.
⑤ 각 면에 표시된 감정에 대해 내담자와 치료자가 서로 이야기를 나눈다.
- 어떤 경우에 이러한 감정을 느끼는지?

4) 상담과정으로의 적용

① 감정을 다룰 때 특히 치료자는 사고와 감정의 차이에 대해 명료하게 인식해

야 하며, 이 둘을 혼동해서는 안 된다. 만약 "우리는 남을 배려하는 사람이 더 나은 치료자가 될 것이라고 느낀다."라고 말한다면 이것은 우리의 사고를 표현한 것이다. 이때에는 "우리는 남을 배려하는 사람이 더 나은 치료자가 될 것이라고 생각해."라고 말하는 것이 더 나은 표현이 될 것이다. 사고는 일반적으로 그것을 묘사할 수 있는 문장을 요구하는 반면 감정들은 보통 한 단어만을 필요로 한다.

② 치료자는 내담자를 위해 부정적이고 불편한 감정들이 적응적인 편한 감정으로 되는 방법을 다룰 수 있게 도와주어야 한다. 치료자는 현실적으로 내담자의 부정적인 감정들을 없애는 것이 가능하지 않다는 것을 인식할 필요가 있다. 그러나 부정적인 감정들을 없앨 수는 없더라도 변화시키거나 적절하게 처리될 수 있도록 치료자는 내담자를 도와주어야 한다.

③ 치료자는 내담자의 문제에 바로 접근하기보다는 서서히 접근하도록 한다.

④ 8세 이하의 어린 내담자에게 활용할 경우에는 칸을 적게 나누어서 내담자의 능력에 맞게 감정의 수를 제한해야 한다.

⑤ 다양한 감정에 대한 이야기를 나누다 보면 내담자를 힘들게 했던 감정에 접근할 수도 있다. 이렇게 힘들고 어려운 경험에 직면했을 때 이것을 극복할 수 있도록 '내담자에게 힘이 되었던 것은 무엇이었는지' 에 관해 이야기를 나누는 것도 좋다.

⑥ 내담자가 말을 계속하게 되면서 내담자는 자신의 기억 속의 감정과 상반된 감정을 표현해 왔다는 것을 발견하게 될 것이다. 이때 내담자는 자신이 표현해 온 다른 여러 가지 감정들로 인해 당황스럽고, 고통스러우며, 혼란스러워진다. 그러나 내담자에게 이와 같이 자신과 다르고, 다양하며, 외현적으로 상반된 감정들을 갖는 것이 괜찮다는 것을 알게 해 주면 내담자는 자기 자신을 좀 더 명료하고, 정확하게 표현할 수 있게 될 것이다.

⑦ 본 활동을 통해 내담자의 개별적인 감정뿐만 아니라 전체적인 감정의 정도를 파악할 수 있으므로 부정적인 감정과 긍정적인 감정으로 나누어 상담을 진행할 수 있다.

이렇게도 해 보세요.

① 앞의 활동을 한 이후 내담자가 희망하는 감정을 종이에 그려보고, 그렇게 되기 위해 어떻게 하면 좋을지에 관해 이야기를 나누는 것도 좋다.

② 종이를 2cm 정도 폭으로 잘라서 시계바늘을 만든 다음 바늘을 움직여 가며 이야기를 나눌 수도 있다.

③ 아주 어린 내담자의 경우에는 동화책을 읽어주고 동화책에 나오는 주인공의 감정을 가지고 다룰 수도 있다.

사례

[그림 3-4] 감정파이(여아)

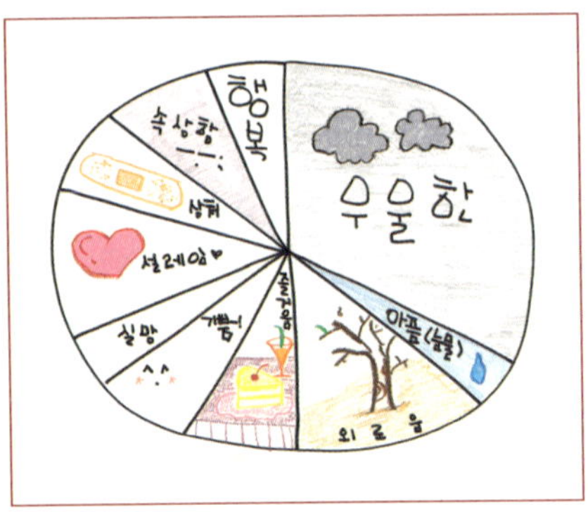

[그림 3-5] 감정파이(여대생)

[그림 3-6] 감정파이(여대생)

[그림 3-4]는 초등학교 4학년 여자아동이 그린 그림이다. 행복함, 평화로움, 화남, 자랑스러움, 슬픔, 놀람의 6가지 감정을 선택했다. 그중에서 행복함, 평화로움, 자랑스러움의 감정이 파이의 2/3 이상을 차지하고 있는 것으로 보아 전체적으로 내담자의 감정이 안정되어 있음을 알 수 있다. 세부적으로 살펴보면 행복했을 때는 선생님이랑 놀 때, 네잎클로버를 볼 때, 별을 볼 때이며, 평화로움을 느낄 때는 나무가 많이 자라 있는 것을 볼 때이며, 화가 날 때는 짝꿍이 시험에서 커닝할 때이며, 자랑스러웠을 때는 시험에서 아슬아슬하게 19등으로 20등 안에 들어갔을 때이며, 슬펐을 때는 하늘의 해를 볼 때이며, 놀랐을 때는 친구가 갑자기 내 등을 치고 갔을 때라고 하였다.

[그림 3-5]와 [그림 3-6]은 여대생이 그린 감정파이로 아동에 비해 감정의 수가 많으며 우울함이나 외로움과 같은 어두운 감정이 많이 표현되었다.

[감정파이]

3. 화난 모습

1) 목표

화나게 만드는 것은 어떤 것들이 있는지 생각해 보게 하고 그것을 표현할 수 있도록 하여 화를 현명하게 풀어내는 방법을 찾을 수 있게 한다.

2) 준비물

4절지 흰 도화지 1장(다양한 크기의 종이), 크레파스

3) 방법

① 어떤 상황에서 화가 나는지, 그 느낌은 어떤 것인지 기억해 보게 한다. 이때 유의해야 할 점은 신체적인 변화와 감정적인 변화 모두 생각할 수 있도록 충분한 시간을 주는 것이 필요하다.
② 종이의 가운데에 화난 얼굴을 그리게 한다.
③ 내담자를 화나게 만드는 것들을 화난 얼굴 주변에 그리거나 글로 표현하게 한다.
④ 내담자와 화에 대한 이야기를 나눈다.
- 가장 화나게 만드는 것은 무엇인지?
- 화가 났을 때 어떻게 하는지?
- 가장 자주 사용하는 해결 방법은 무엇인지?
- 화를 제대로 잘 표현할 수 있는 방법은 무엇인지?

4) 상담과정으로의 적용

① 화난 얼굴을 그리는 데 어려움을 호소하는 내담자가 있다. 이때에는 화난 얼굴을 그리기보다는 색으로 표현하거나 추상적인 형태로 표현하는 것도

괜찮다.

② 이야기를 마칠 때쯤이면 내담자가 긍정적인 감정을 가질 수 있도록 해야 한다. 만약 내담자가 좋지 않은 기분으로 상담을 종결하게 되면, 내담자는 다음 상담을 받으러 올 때까지 그러한 감정을 가지고 있을 수도 있다. 그러므로 치료자는 반드시 마칠 무렵에 내담자의 현재 기분을 물어보고 괜찮다고 하면 그대로 상담을 종결하고, 그렇지 않다면, 긍정적인 감정으로 변화될 수 있도록 한 후에 상담을 종결하는 것이 필요하다.

③ 보다 긍정적이고, 안전한 방법으로 화를 표현하는 것에 대해 내담자와 이야기를 나눈다. 예를 들면, 풍선 터뜨리기, 신문지 찢기, 두더쥐 잡기, 펀치기계, 권투하기, 북 두드리기 등이 있다.

④ 화난 모습을 변형한 것으로 '나의 화는 마치 ~와 같다' 는 활동을 할 때, 치료자는 반드시 내담자의 그림에 대해 이야기를 나누어야 한다. 이야기를 나누지 않는다면, 상징물의 의미를 바르게 이해할 수 없으며, 내담자의 그림을 치료자의 선입견이나 편협한 생각으로 해석하게 될 것이다. 그러므로 치료사에게 중요한 것은 치료사의 시각에서 내담자의 그림을 판단하거나 해석하거나 혹은 이해하려고 하지 말고, 내담자의 그림이 어떤 의미를 가지는가를 이해하려 해야 한다. 내담자의 그림을 이해하기 위해서는 내담자가 그림에 대해 설명하는 것을 잘 들어야 한다.

⑤ '화난 모습' 과 '나의 화는 마치 ~와 같다' 를 동시에 사용할 필요는 없다. 첫 번째 방법을 선호하는 내담자도 있고, 두 번째 방법을 선호하는 내담자도 있으므로 내담자의 특성에 맞게 활용하면 된다. 특히 복잡하게 이것저것 생각하기를 싫어하는 내담자, 간단하고 명확한 것을 좋아하는 내담자는 두 번째 방법을 더 선호한다.

이렇게도 해 보세요.

① 분노뿐 아니라 다른 감정들에 대해서도 이 기법을 사용할 수 있다.

② 잡지와 크레파스를 함께 활용하는 것이 분노를 자유롭게 표현하는 데 도움

이 된다.

③ 다음의 문장을 완성할 수 있는 그림을 그리도록 한다.

"나의 화는 마치 ~와 같다."

사 례

[그림 3-7] 화난 모습(남아)

[그림 3-8] 나의 화는 마치 다리미와 같다(여대생)

[그림 3-7]은 초등학교 3학년 남자 아동이 그린 그림이다. 자신의 화난 모습을 머리 꼭대기에 화산을 그려 마치 화산이 폭발하는 것처럼 표현하였으며, 화나게 만드는 것으로 형아, 엄마, 개미, 훌라후프, 이모, 초례봉 나무를 그렸다. 세부적으로 살펴보면, 형은 내담자를 때려서, 엄마는 잔소리를 해서, 이모는 놀고 있는데 밥 먹으라고 해서, 개미는 오늘 내담자의 팔을 물어서, 초례봉 나무는 나무에 올라가다가 손을 다쳐서, 훌라후프는 훌라후프에 걸려 넘어져서 피가 났기 때문에 화가 난다고 했다. 내담자를 가장 화나게 만드는 것은 무엇이냐고 물어보자 엄마가 잔소리하는 것이 가장 화가 나고 싫다고 했다. 화가 나면 어떻게 하는지 물어보자 화가 나면 밖으로 나가서 뛰어놀거나, 동네를 뛰면서 돌아다닌다고 했다. 그렇게 하고 나면 속이 후련해진다고 하였는데, 이로 미루어 보아 아동은 돌아다니거나, 뛰는 것으로 화를 푼다는 것을 알 수 있다.

[그림 3-8]은 여대생이 그린 그림으로 본 활동의 변형 중 세 번째에 있는 것, 즉 "나의 화는 마치 ~와 같다"고 했을 때 ~안에 들어가는 것을 그린 것이다. 내담

자는 자신의 화는 마치 다리미와 같다고 표현했다. 다리미와 같다는 것이 무엇을 의미하는지 설명해 달라고 하자, 다리미란 구겨진 옷을 펴는 데 사용하는 열기구인데 코드를 꼽고 잠시만 기다리면 금세 달아오르는 것으로 내담자도 다리미처럼 누가 한 번 딱 건드리면 금세 달아올라와 버린다고 했다. 그리고 다리미 앞에 구겨진 옷처럼 내담자의 마음과 얼굴이 함께 구겨진다는 것이다. 그러나 화를 나게 한 다리미 같은 사람이 다시 달래주거나 이야기하면서 펴 주면 다리미가 구겨진 옷을 깨끗하게 펴 주듯이 내담자의 마음과 얼굴도 말끔히 펴져 버린다고 하였다. 금방 다림질 되어져 깨끗하게 펴진 옷에 있는 따뜻한 온기처럼 내담자도 언제 그랬냐는 듯 금세 웃어버리고 화가 사라져버린다고 한다.

4. 화의 해결사

1) 목표

화와 관련된 문제를 호소하는 내담자에게 해결방법을 찾아주는 데 도움을 준다.

2) 준비물

4절지 흰 도화지 1장(다양한 크기의 종이), 크레파스

3) 방법

① 화를 다루어 주는 해결사는 어떤 것이 있는지 생각해 보게 한다.

② 해결사의 그림을 그린다.

③ 해결사의 그림을 가지고 내담자와 치료자가 서로 이야기를 나눈다.

- 내담자가 선택한 해결사의 특징은?
- 화를 다루는 데 그 해결사의 어떤 면이 도움이 되는지?

4) 상담과정으로의 적용

① 8세 이상의 내담자에게 활용할 수 있다.

② '화난 모습' 을 다룬 이후에 '화의 해결사' 활동을 수행한다.

이렇게도 해 보세요.

① 잡지와 크레파스를 함께 활용하는 것이 내담자의 표현에 도움이 된다.

② '화난 모습' 과 '화의 해결사' 를 동시에 실시하는 것도 좋다.

사례

[그림 3-9] 화의 해결사(남아)

[그림 3-9]는 초등학교 6학년 남자 아동이 그린 '화의 해결사' 그림이다. 아동은 화의 해결사로 책을 그렸다. 치료자가 내담자에게 "화를 다루는 데 책의 어떤 면이 너에게 도움이 되니?" 라고 질문을 하였다. 내담자는 "책을 읽으면 나쁜 기억들은 사라지고 책 속의 내용들이 머릿속에 들어와서 화나는 기억들이 없어지기 때문" 이라고 했다. 그래서 치료자가 "특히 어떤 책이 화나는 기억을 없어지게 하는 데 도움이 되니?" 라고 질문하였다. 내담자는 만화와 역사가 합쳐진 내용으로 이루어진 『맹꽁이 서당』을 읽거나, 그 책 생각만 해도 화나는 기억들이 모두 없어진다고 하였다.

본 사례의 아동은 몸이 약하여 운동하는 것을 아주 싫어하며, 몸을 움직여서 에너지를 사용하는 것을 매우 싫어하기 때문에, 책을 읽는 것이 자신의 화를 푸는 방법이라고 하였다. 이 아동은 책 주위에 음표를 그려서 자신의 즐거움을 표현하고 있다.

5. 안전하고 편안한 장소 만들기

1) 목표

내면에 안전한 장소를 가지게 하여 내담자가 안전함과 편안함을 느끼도록 하는 데 도움을 준다.

2) 준비물

4절지 도화지 1장(다양한 크기의 종이), 크레파스, 파스텔, 색연필

3) 방법

① 지금까지 살아오면서 안전함과 편안함을 가장 잘 느낄 수 있었던 장소에 대해 생각하게 한다. 이곳은 현실에 존재하는 장소가 될 수도 있고, 상상 속의 장소가 될 수도 있다. 이곳은 내방, 집, 배, 우주 공간 등 어디에라도 위치할 수 있다는 것을 내담자에게 이야기해 준다.

② 안전함과 편안함을 느낄 수 있는 장소를 그리게 한다.

③ 그린 그림 속이 더욱더 안전하고 편안한 곳이 되기 위해 필요한 것들이 있다면 그것들을 첨가해서 그리도록 한다.

④ 안전함과 편안함을 느끼는 장소에 대해 이야기를 나눈다.

4) 상담과정으로의 적용

① '안전함과 편안함을 느낄 수 있었던 장소' 에 대해 생각하게 할 때 치료자는 내담자의 눈을 감게 하여 내면의 심상에 깊이 몰입할 수 있도록 도와주어야 한다.

② 내담자에게 눈을 감고 안전함과 편안함을 느낄 수 있는 장소에 서 있는 자신의 모습을 상상하게 한다.

③ 내담자가 불안해하거나, 우울해할 때 그리고 두려움을 느낄 때 언제든지 그곳에 갈 수 있음을 내담자에게 알려주는 것이 필요하다.

④ 상상 속에서 안전함과 편안함을 느낄 수 있는 장소를 떠올리는 것은 외상후유증이나 삶의 스트레스로부터 빠져나온 것이므로 그곳에서 안정감을 다시 얻고 힘을 회복하며 정신을 새롭게 할 수 있다는 것을 내담자에게 알려주는 것이 필요하다.

⑤ 안전하고 편안한 장소를 그린 그림을 걸어놓고 그것을 규칙적으로 보면서 일상생활에서 안전하고 편안한 장소를 떠올려 보게 함으로써 현실의 생활공간에서도 안전한 장소를 만들 수도 있다.

이렇게도 해 보세요.

① 아동에게는 인형을 활용하는 방법이 있다. 즉, 여러 종류의 인형을 배치해 두고, 안전함과 편안함을 제공해 주는 인형을 선택하도록 하고, 이 인형에 대해 이야기를 나누고 이 인형에 대한 느낌을 그림으로 표현하게 할 수 있다.

② '안전하고 편안한 장소' 에 있는 그림을 가지고 이야기를 만들 수 있다.

사 례

[그림 3-10]은 남자 대학생이 그린 그림이다. 내담자는 안전함과 편안함을 느낄 수 있었던 장소와 모습으로 한적한 시골풍경과 큰 나무 아래에서 낮잠을 자고 있는 자신의 모습을 그렸다. 그곳에는 오두막집, 꽃밭, 산, 초원, 풍차, 양, 개, 오

[그림 3-10] 안전하고 편안한 장소 만들기
(남자대학생)

리, 연못, 물고기가 있다. 개와 양은 사이 좋게 뛰어놀고 있고, 엄마 오리를 따라 새끼 오리가 졸졸 따라다니는 오리가족의 모습이 있으며, 연못에서 즐겁게 살고 있는 물고기들도 보인다. 아주 평화롭고 행복한 전원 풍경이다.

내담자에게 "당신의 삶에 있어서 여기에 있는 것들이 얼마나 중요하죠?"라고 물어보자, 내담자는 "여기에 있는 모든 것들은 내가 삶에 지쳐 있을 때 언제든지 이곳에 와서 쉴 수 있는 안식처가 되어 주기 때문에 아주 중요하다."고 말했다.

안전하고 편안한 장소를 떠올리는 것이 도움이 되는 상황은 짜증이 많이 나고 스트레스가 쌓일 때, 혼자 있고 싶을 때, 많이 지치고 힘들 때라고 했다.

내담자와 함께 그림 속에 있는 것을 하나하나 살펴보면서, 눈을 감고 이러한 이미지를 떠올리는 연습을 하면서 상담을 마쳤다.

6. 두려움의 흔적

1) 목 표

두려움을 인정하고, 그것의 영향에서 벗어나도록 돕는다.

2) 준비물

4절지 흰 도화지 1장, 아크릴 물감, 붓, 팔레트, 물

3) 방법

① 4절지 흰 도화지를 8등분하여 자르게 한다.

② 내담자가 두려워서 항상 피하게 되는 것, 전혀 두려워하지 않거나 약간만 두려워하는 상황에 대해 생각해서 이야기하도록 한다.

③ 두려움을 상징하는 색깔 세 가지를 고르게 한다.

④ 종이 위에 두려움을 추상적으로 그려보게 한다. 다른 종이에 다시 찍을 것이므로 물감을 듬뿍 칠해도 좋다.

⑤ 새 종이를 방금 그린 종이 위에 올리고 손으로 종이 전체 표면을 누르면서 물감이 새 종이에 옮겨지도록 한다. 되도록 빠르게 작업해야 마르기 전에 다른 종이에 다시 찍을 수 있을 것이다.

⑥ 그 종이를 떼서 물감이 묻은 부분이 위로 오도록 탁자 위에 놓는다. 다시 다른 깨끗한 종이를 겹친 뒤, 앞에서와 똑같이 표면을 눌러서 종이에 물감이 묻도록 한다.

⑦ 다시 새 종이를 사용해서 똑같은 작업을 하게 한다. 물감에 약간의 물기가 있다면, 이 과정을 계속 반복하게 한다.

⑧ 제일 처음 만든 원본을 맨 왼쪽에 두고 순서대로 작품을 정렬해 보도록 한다. 왼쪽에서 오른쪽으로 갈수록 물감의 강렬한 정도가 줄어드는 것이 보일 것이다.

⑨ 최근에 두려움을 느꼈던 상황을 생각해 보게 한다. 그 두려움의 정도를 가장 잘 나타내 주는 작품을 고르게 한다.

⑩ 선택한 작품을 가지고 내담자와 치료자가 이야기를 나눈다.

4) 상담과정으로의 적용

① 두려움을 추상적으로 그릴 때, 내담자는 오직 두려움을 표현하는 것에만 집중할 수 있도록 해야 한다.

② 두려움을 표현하기 위해 선택한 모양과 색상의 상징적인 뜻에 대해 생각해 보게 한다.

③ 이러한 두려움을 줄이기 위해 어떻게 해야 할지에 대해 생각해 보게 한다.

④ 마지막으로 찍은 작품을 보게 한다. 만약 이 지점까지 두려움의 정도가 줄어든다면 무엇이 확실하게 바뀔지 생각하여 크레파스를 사용해서 그림이나 글로 표현하게 한다.

⑤ '안전하고 편안한 장소' 만들기 활동을 한 이후에 이 활동을 하면, 보다 편안한 마음으로 활동에 몰입할 수 있을 것이다.

이렇게도 해 보세요.

① 다른 감정들(분노, 우울, 수치심, 죄책감)도 다루어 볼 수 있다.

② 무서움의 정도를 측정하기 위해 종이의 크기를 계속 작게 하도록 할 수 있는데, 이렇게 함으로써 내담자가 느끼는 무서움의 크기를 파악할 수 있다.

③ 보다 어린 아동을 위해 '두려움' 이라는 단어보다는 '무서움' 이라는 단어가 더 적절할 수 있다.

사 례

다음의 [그림 3-11]은 10세 여아의 작품이다. 평소에 아동은 감정조절이 잘 안 되었는데, 이 활동을 하는 동안에는 물감이 점점 엷게 찍히는 것을 보고 아주 신기해했으며, 감정의 굴곡이 적어졌다. 평소에는 감정의 변화가 심해서 활동을 하는 데 어려움이 많았는데, 이번 활동에서는 아주 몰입을 잘하였다.

무서움을 상징하는 색깔로 보라색, 빨강색, 파란색을 선택하였다. 보라색은 어두침침해서, 빨강색은 피 색깔이어서, 파란색은 깊은 바다가 생각나서 무섭다고 했다. 내담자가 현재 느끼는 두려움의 정도를 나타내는 그림을 선택하라고 하자 내담자는 두 번째 그림을 선택하였다. 두려움의 정도가 아주 크다는 것을 알 수 있었다. 그래서 치료자는 내담자와 함께 두려움에 대한 이야기를 나누었으며, 이러한 두려움을 줄일 수 있는 방법을 함께 찾아보았다.

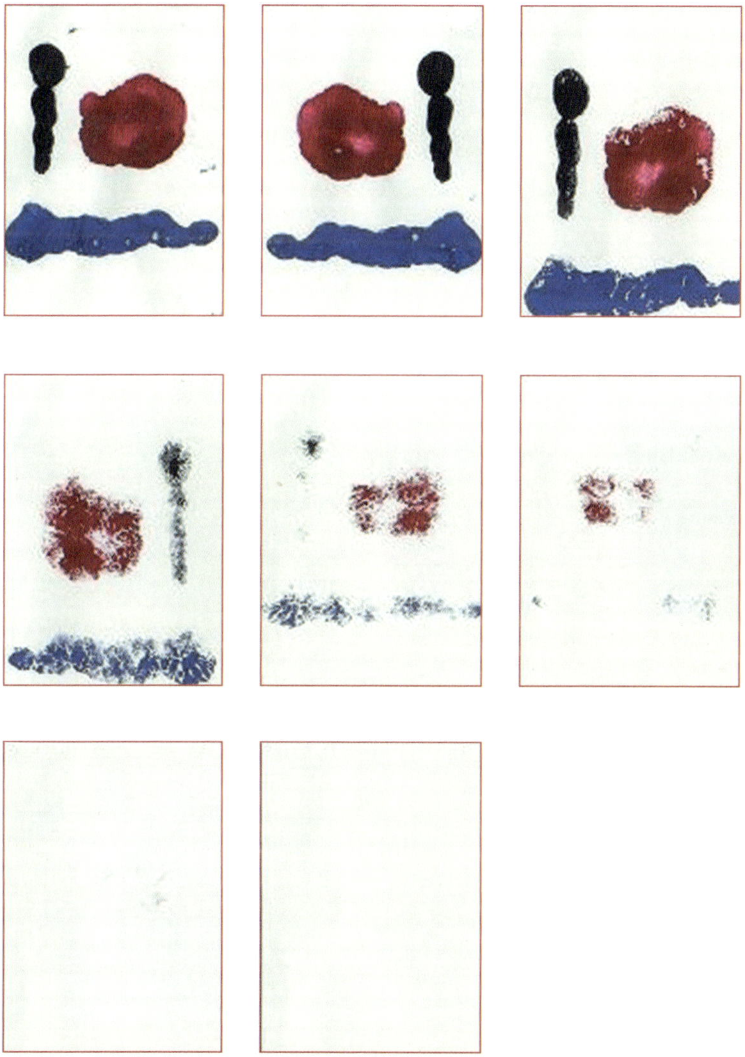

[그림 3-11] 두려움의 흔적(10세 여아)

제4장
현재 나 알기

1. 중요한 항아리

1) 목표

일상의 삶에 있어 중요한 것에 대한 내담자의 가치와 지각을 향상시킨다.

2) 준비물

8절지 도화지(다양한 크기의 종이), 크레파스

3) 방법

① 종이 위에 3개의 항아리를 그리게 하거나 그려진 종이를 제시해 줄 수도 있다([중요한 항아리] 양식지 참고).

② 각 항아리 위에 '중요하지 않음' '중요함' '아주 중요함' 등의 제목을 적게 한다.

③ 인생에 있어서 중요하지 않은 것, 중요한 것, 아주 중요한 것들을 각각의 항아리에 그리거나 글로 표현하게 한다.

④ 각 항아리에 그리거나 글로 표현한 것들에 대해 이야기를 나눈다.

4) 상담과정으로의 적용

① 11세 이상의 내담자에게 적용한다.

② 내담자가 생각하는 것은 개인적인 생각이며 옳고 틀린 답이 없는 것이므로 치료자는 이러한 점을 명심하고 내담자의 표현을 있는 그대로 인정하고 수용해 주어야 한다.

③ 어떤 항아리는 가득 차고 어떤 항아리는 텅 비어 있어서 걱정을 하는 내담자가 있을 경우, 이것은 아무 문제가 되지 않는다고 내담자에게 이야기해 주는 것이 좋다.

④ 중요한 항아리에는 내담자가 마음속으로 바라는 것들이, 중요하지 않은 항아리에는 내담자가 버리고 싶은 것들이 표현되는 경우가 많다. 이때 치료자는 중요한 항아리에 들어 있는 것, 즉 내담자가 바라는 것들을 이루기 위한 방법, 버리고 싶은 것들을 없애기 위한 방법 등을 내담자와 함께 찾아간다.

⑤ 내담자가 중요하다고 생각하지만 이것을 얻기 위해 실제로는 노력하지 않는 자신의 모습을 발견하기도 한다. 이러한 경우에는 지금-현재 내담자가 가장 중요하다고 생각하는 것을 선택하도록 한 후 이것을 하지 못하게 방해하는 요인은 무엇인지 찾아내어 없애도록 한다.

⑥ 각 항아리에 들어가는 내용 중에는 추상적인 것이 많다. 따라서 치료자는 가능하면 추상적인 내용을 좀 더 현실적이고, 사실적인 내용으로 구체화시키는 활동을 할 필요가 있다.

이렇게도 해 보세요.

① 가치관 목록을 만들어 그 목록에 있는 내용 중 중요하지 않은 것, 중요한 것, 매우 중요한 것들을 찾아 오려서 항아리 안에 붙일 수 있다.

② 항아리를 그리는 대신에 실제 박스를 세 개 만들어 각각의 제목을 적고 그 제목에 해당하는 글이나 그림을 박스 안에 넣을 수 있다.

③ 보다 어린 내담자에게는 중요한 것, 중요하지 않은 것 두 가지로 구분하여

사용할 수도 있다.

④ 내담자에게 필요한 것, 필요하지 않은 것과 같은 주제를 사용할 수 있다.

⑤ 내담자에게 중요한 것은 어디에다 두고 싶은지, 중요하지 않은 것은 어디에 담아두고 싶은지 물어본 후에 그림을 그리게 할 수도 있다. 즉, 매우 중요한 것은 보석함을 그려서 보관하게 할 수도 있고, 중요하지 않은 것은 항아리 속에 가두어 둘 수도 있다.

사례

[그림 4-1] 중요한 항아리(여대생)

[그림 4-1]은 여대생이 그린 그림이다. 매우 중요한 항아리에는 하트 모양으로 여러 가지를 표현하였는데 그 안에는 종교, 부모님의 사랑, 형제간의 사랑, 친구와의 우정, 남녀 간의 사랑 등을 표현하였으며, 중요한 항아리에는 성적, 능력, 종교, 재능, 피아노, 목소리, 가정 환경, 돈, 따뜻함, 밝음, 웃음, 공부, 음악, 인간관계, 자신감, 건강, 별, 행복, 교회 동생 등을 표현하였으며, 중요하지 않은 항아리에는 우울, 부정적 사고, 아픔, 상처, 한 맺힘, 외로움, 살 등을 표현했다.

매우 중요한 항아리는 따뜻한 햇빛과 나무 그늘이 있는 곳에 배치하여 소중함의 정도를 나타내고 있으며, 중요하지 않은 것은 깨어진 항아리에 넣었으며, 그리고 중요한 것은 아주 큰 항아리에 넣어 내담자가 중요하다고 생각하는 것들이 얼마나 많은지를 알 수 있게 했다.

[중요한 항아리]

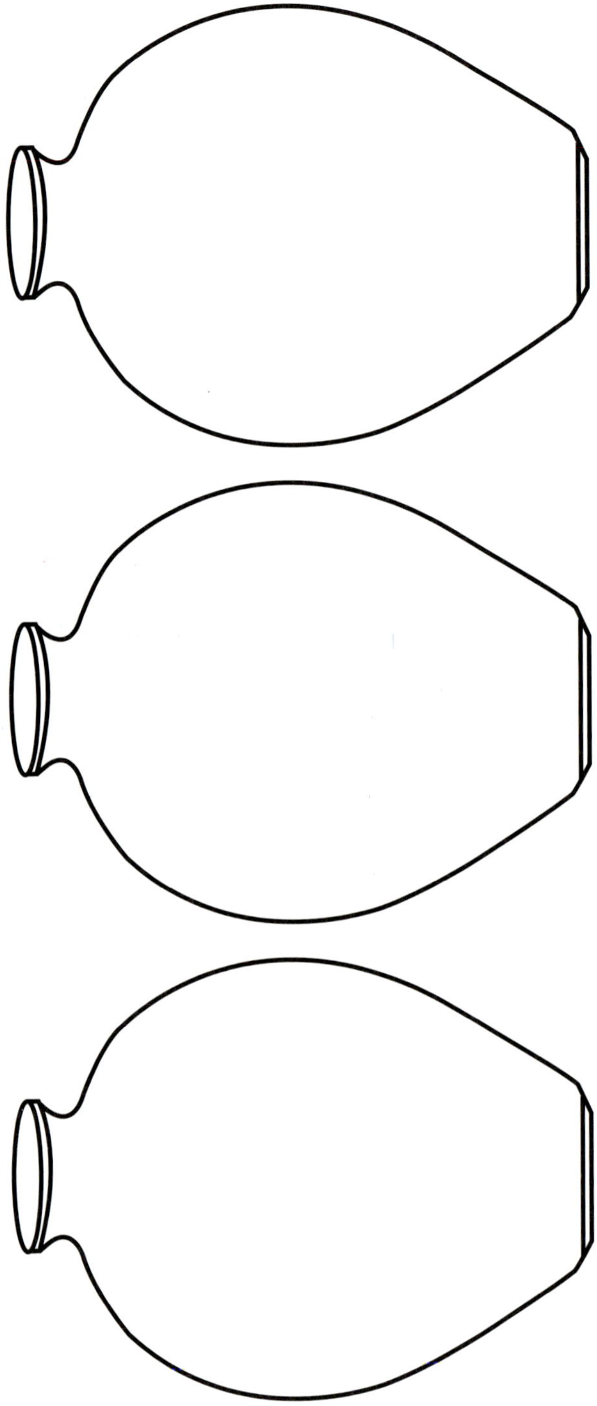

2. 나 자신의 좋은 점

1) 목표

내담자의 긍정적인 측면을 강조하여 자존감을 향상시킨다.

2) 준비물

8절지 도화지 1장(다양한 크기의 종이), 크레파스

3) 방법

① 종이의 위쪽 가운데에 '나 자신의 좋은 점' 이라고 쓰게 한다.
② 종이의 가운데에 자기 모습을 그리게 한다.
③ 자신이 할 수 있는 것, 좋아하는 것, 잘하는 것, 외모 중에서 좋아하는 것 등을 자기 모습 주변에 글이나 그림으로 표현하게 한다.
④ 내담자의 좋은 점들에 대해 이야기를 나눈다.

4) 상담과정으로의 적용

① '자신의 좋은 점' 을 표현하라고 했을 때, "나는 좋은 점이 하나도 없어요." 라고 말하는 내담자가 있다. 이 경우 치료자는 내담자 자신이 할 수 있는 것에는 어떤 것이 있는지, 좋아하는 것은 무엇인지, 잘하는 것에는 어떤 것이 있는지, 자신의 외모 중에서 좋아하는 부분은 어디인지 등에 관한 질문을 하나씩 하면서 자신의 좋은 점을 많이 찾아낼 수 있도록 도움을 주어야 한다.
② 치료자는 내담자가 자신의 장점을 인식하고 수용할 수 있도록 도와주는 데 초점을 맞추어야 한다. 내담자가 '자신의 좋은 점' 을 발견하고 나면, 이것을 영원히 지속시킬 수 있도록, 그리고 이러한 장점을 최대한 활용하는 삶

을 살아갈 수 있도록 내담자를 도와주는 것이 치료자의 역할이다.

③ 치료자는 내담자의 자존감을 향상시킬 수 있도록 도와주어야 한다. '자신의 좋은 점' 을 찾는 데 어려움을 호소하는 이유는 내담자가 낮은 자존감을 가지고 있기 때문이다. 그러므로 치료자는 활동을 마친 후 내담자에게 적절한 피드백과 지지를 해 줌으로써 내담자로 하여금 자신을 긍정적으로 평가할 수 있도록 도와주어야 한다.

④ 내담자가 자신의 좋은 점을 자랑하는 시간을 가진다. 개인상담에서는 상담자 앞에서, 집단상담에서는 집단원 앞에서 자신의 좋은 점을 큰 소리로 자랑하도록 한다. 이때 내담자는 부끄러워하고, 수줍어할 수 있다. 그러므로 치료자는 내담자가 용기를 내어 그러한 행동을 할 수 있도록 옆에서 힘을 주어야 하며, 듣는 사람은 아주 부러운 마음으로 박수와 칭찬을 함께 보내야 한다. 이렇게 했을 때 처음의 어색함은 사라지고 행복과 활기참이 가득할 것이다. 이러한 활동을 함으로써 함께 참여한 집단원들은 예전에는 미처 생각하지 못했던 자신의 좋은 점을 다른 집단원을 통해 새롭게 발견할 수도 있다.

⑤ '자신의 좋은 점' 을 나눈 후에 자신이 갖고 싶은 장점 찾기를 할 수 있다. 즉, 집단상담에서는 전체 집단이 다 모여 집단원들 중에 자신이 갖고 싶은 장점을 가지고 있는 사람에게 가서 손을 얹어 표시하고 그 이유를 설명한다. 만약 아무에게도 손을 얹지 않은 집단원이 있다면, 그 이유를 들어보고 자신이 갖고 싶은 장점을 표현할 기회를 준다.

⑥ 마칠 무렵에 치료자는 내담자의 좋은 점이 얼마나 많은지 그리고 내담자가 얼마나 특별한 사람인지에 관해 이야기를 하여 내담자가 자신에 관해 좋은 감정을 더 많이 가질 수 있도록 한다.

이렇게도 해 보세요.

① 잡지를 활용하여, 자신이 좋아하는 것들을 찾아서 붙여도 된다.

② 활동을 마친 후 내담자의 좋은 점들을 가지고 이야기를 만들 수도 있다([그

림 4-3] 참조).

③ 신체 본뜨기를 활용하여 '장점 찾기' 를 할 수도 있다(신체 본뜨기 II - 장점 찾기 참조).

사례

[그림 4-2] 나 자신의 좋은 점(여대생)

[그림 4-3] 나 자신의 좋은 점(여대생)

[그림 4-2]는 여대생이 그린 것이다. 나 자신의 좋은 점에 대하여 내담자가 할 수 있는 것, 외모에서 좋아하는 것, 잘하는 것으로 나누어 표현한 것으로 보아 내담자의 깔끔한 성격을 엿볼 수 있었다. 세부적으로 살펴보면, 할 수 있는 것에 음식 만들기, 운전, 십자수, 뜨개질, 피아노, 수영이 있으며 그리고 외모에서 좋아하는 것으로는 편안한 인상을, 좋아하는 것으로는 음식 만들기, 영화, 여행, 편지 쓰기, 쇼핑, 향수를, 잘하는 것으로는 웃음 짓기, 유머, 농담, 요리, 정리정돈, 운동 등을 표현했다. 할 수 있는 것, 좋아하는 것, 잘하는 것이 아주 많은 것으로 보아 장점이 많은 내담자임을 알 수 있다. 특히 외모에서 좋아하는 것을 말하면서 볼에 살이 많고 둥그런 얼굴이 보름달을 연상시키고 편안한 인상을 준다고 했다. 이러한 활동을 통해 내담자는 자신에 관해 긍정적인 생각을 할 수 있어서 좋았으며, 뭔가가 환하게 밝혀주는 느낌, 마음속에 가득 찬 느낌을 가질 수 있어서 좋았다고 했다.

[그림 4-3]의 그림 또한 여대생이 그린 것으로 자신의 좋은 점에 관해 씩씩함,

넘치는 에너지, 긍정적인 생각, 노래를 잘함, 커다란 손, 코, 눈, 열정과 꿈 등을 들어, 대체로 인간적인 것을 표현하였다. 내담자에게 이것을 가지고 이야기를 만들어 보자고 제안을 하여 다음과 같은 동화 속의 이야기를 만들었다.

> "옛날 옛날 숲 속에 귀여운 아기요정이 살고 있었습니다. 이 요정은 노래를 아주 잘하며, 씩씩하고 에너지가 넘치는 열정을 가진 멋쟁이 요정입니다. 어느 날 이 요정은 커다란 눈, 커다란 코, 커다란 손을 자랑하면서 나의 꿈을 이루었다고 미소를 지으며 행복해했습니다."

이러한 이야기를 통해 내담자는 자신의 소망을 이루고 있다. 이것은 곧 자신의 꿈을 이루고자 하는 신념을 나타낸 것이라고 할 수 있다. 이때 치료사는 내담자가 이야기한 커다란 눈, 코, 손이 무엇을 상징하는 것인지 확인해 볼 필요가 있다. 왜냐하면 이것이 내담자의 소망을 이루는 데 큰 기여를 하는 것이기 때문이다. 이처럼 이야기를 통해 내담자의 내면의 생각을 표현하게 할 수 있으며, 내담자의 현재 당면한 문제가 이야기를 통해 제시될 수도 있다. 특히 이야기의 마지막 부분이 부정적이거나 슬픈 내용으로 끝이 난다면, 내담자에게 다시 행복한 내용으로 끝나는 이야기를 만들 것을 요청하는 것이 좋다. 왜냐하면 이야기에서의 행복한 결말이 현실에서의 행복한 결말을 제공해 줄 수 있기 때문이다.

3. 자아상

1) 목표

① 자신이 지각하고 있는 자아상이나 자아개념을 파악한다(정체성을 확인한다.).

② 자신의 내면의 심리적 상황을 파악한다.

2) 준비물

다양한 크기의 종이, 색연필, 크레파스

3) 방법

① 어린 시절부터 현재까지의 생활을 회상하며 자신이 어떤 모습으로 살아오고 있는지 생각하게 한다.
② 이 과정에서 떠오르는 자신의 모습을 이미지화한다.
③ 자신의 이미지를 상징적이나 사실적으로 표현하게 한다.
④ 그림에 대해 관련된 질문을 하고 내담자의 반응에 대해 서로 이야기를 한다.

4) 상담과정으로의 적용

① 표현된 그림을 보고 어떤 느낌인지?
② 명상하는 과정에서 가장 인상 깊게 떠오른 장면은?
③ 이 모습이 현재의 생활에 어떠한 영향을 미치는지?
④ 바라는 자신의 자아상은 어떤 모습인지?
⑤ 원하는 모습으로 되기 위해서 필요한 것은 무엇이며, 자신이 할 수 있는 것은 어떤 것이 있는지 등에 관해 이야기를 나눈다.

사례

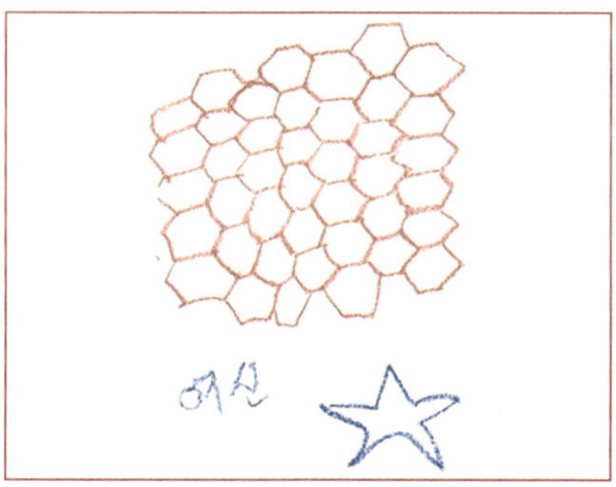

[그림 4-4] 자아상(10대 후반 여성)

[그림 4-5] 자아상(가출 청소년)

[그림 4-4]에서 자신을 별로 표현하였다. 자신은 다른 사람과 어울리지 못하고 따로 떨어져 있다는 느낌이 들고 차이가 많이 난다고 하였다. 이런 경우 다른 사람과 차이가 나는 것이 무엇인지? 이것으로 인하여 어떤 어려움이 있는지? 다른 사람과 관계 형성을 위해서 필요한 것은 무엇인지? 등에 대해 이야기를 나눌 필요가 있다. 또한 사람들은 기질이나 성격의 차이로 서로 다를 수 있음에 대해 인식하는 것도 필요하다.

[그림 4-5]는 가정에서의 갈등, 불화 등으로 가출하여 쉼터에 있는 청소년이 그린 자아상이다. 자신은 미처 피지도 못하고 쓰러져 있는 꽃으로 표현하였으며, 꽃을 덮고 있는 검정색은 자신의 성장을 방해하고 있는 불우한 가정환경, 아버지의 폭행 등이 포함되어 있다고 하였다.

4. 요즘 나의 모습

1) 목표

현재 지각하고 있는 자아상과 내면의 감정을 파악한다.

2) 준비물

다양한 크기의 용지, 크레파스(그림도구)

3) 방법

① 최근 자신에게 일어나고 있는 일들과 심리적 상황을 생각하게 한다.
② 최근의 자신의 모습을 사실적이거나 혹은 상징적 이미지로 연상하게 한다.
③ 용지를 선택하여 연상된 자신의 모습을 그리게 한다.
④ 그림에 대해 관련된 질문을 하고 내담자의 반응에 대해 서로 이야기를 한다.

4) 상담과정으로의 적용

① 표현된 그림을 보고 어떤 느낌인지?

② 현재의 나의 모습에 영향을 미친 사람이나 사건은?

③ 지금 현재 나에게 필요한 것은? 등에 대해 서로 이야기를 나눈다.

④ 이야기에 충분히 공감을 하고 자신의 감정을 표출할 수 있도록 한다.

사례

[그림 4-6] 사전 그림(초등5학년 여아)

[그림 4-7] 사후 그림(초등 5학년 여아)

가정폭력 피해자녀들 집단상담에서 초등학교 5학년 여자아이가 그린 그림이다. [그림 4-6]은 프로그램 실시 전에 그린 것이고, [그림 4-7]은 3개월의 집단상담을 마친 후 그린 그림이다. 사전그림에서는 깜깜한 밤하늘에 하나의 별이 떠 있다. "그림을 보고 어떤 느낌이 드니?" 라고 묻자 내담자는 "너무 외롭고 쓸쓸하다." 며 울면서 자신의 이야기를 하기 시작했다. 아버지의 폭력으로 집에서 나와 쉼터로 옮겨오면서 친구들이 없어지고 낯선 곳에서의 힘든 상황을 이야기했다. 상담자와 집단원 모두 충분히 공감을 하였으며, "하나의 별 옆에 어떤 별이 왔으면 좋겠니?" 라고 하자 "친구별이 왔으면 좋겠다." 고 하였다. 그러자 집단원들은 자기들이 좋은 친구가 되어주겠다며 위로를 하였다.

사후그림에서는 우울성향이 많이 줄어들었음을 알 수 있다. 밤하늘에 별들이 많이 나타났으며 내담자 자신도 친구들이 많이 생기고 언니들이 주위에서 잘 챙겨주어 요즘은 많이 편안하고 좋아졌다고 이야기하여 상담하기 전과 후의 심리적 변화를 나타내었다.

5. 나의 내면 모습

1) 목표

내면의 모습을 표현하게 함으로써 자신을 이해하도록 한다.

2) 준비물

8절지 도화지 1장(다양한 크기의 종이), 색종이, 크레파스, 은박지, 실, 철사, 리본, 공, 접착제 등의 다양한 재료

3) 방법

① 내담자의 내면에는 어떤 모습이 있는지에 관해 생각하게 한다.
② 내면의 모습에 관해 생각한 것을 다양한 매체를 활용하여 표현하게 한다.
③ 완성된 그림을 가지고 내담자와 이야기를 나눈다.
- 각각이 의미하는 것은 무엇인지?
- 내담자를 행복하게 하는 것은 어떤 것이 있는지?
- 내담자를 힘들게 하는 것에는 어떤 것이 있는지?

4) 상담과정으로의 적용

① 활동을 시작하지 못 하고 머뭇거리는 내담자가 있을 수 있다. 이 경우 치료자는 내담자에게 충분히 생각할 수 있는 시간을 주는 것이 필요하다. 왜냐하면 사실 많은 사람들이 자신의 내면의 모습에 관해 그다지 관심을 두지

않은 채 살아가고 있기 때문이다.

② 어떻게 표현해야 할지 몰라 당황해하는 내담자가 있을 수도 있다. 이때는 '내가 생각하는 나의 모습, 다른 사람이 생각하는 나의 모습' 혹은 '내가 좋아하는 내 모습, 내가 싫어하는 내 모습'과 같이 구체적인 주제를 줄 수 있다.

③ 대인 관계에 어려움을 겪고 있는 내담자라면, 그 사람의 어떤 점을 좋아하고 어떤 점을 싫어하는지 표현하도록 하거나 정리하도록 하는 것도 도움이 된다.

④ 치료자는 내담자와 이야기를 나눌 때, 내담자를 행복하게 하거나 힘들게 하는 것은 생각 차이에서 생기는 것임을 인식시켜 주는 것이 필요하다.

⑤ 활동 후 자신의 내면 모습에는 긍정적인 부분과 부정적인 부분이 함께 있음을 발견하게 된다. 이때 치료자는 긍정적인 부분도, 부정적인 부분도 모두 자신의 모습이라는 사실을 알려주는 것이 필요하다.

이렇게도 해 보세요.

① 내면의 모습을 사물이나 자연물로 표현하게 할 수도 있다.

② 상자를 활용하여 상자의 안에는 내가 생각하는 나의 모습을, 상자의 밖에는 다른 사람이 생각하는 나의 모습을 표현하도록 할 수도 있다.

③ 4절지를 반으로 접어 화면을 나누어서, 한 면에는 내가 좋아하는 내 모습을, 다른 한 면에는 내가 싫어하는 내 모습을 표현하도록 할 수도 있다.

사례

[그림 4-8]은 여대생이 그린 그림으로 먼저 도화지 전체에 미로를 그리고, 벌, 태양, 나무, 꼬마, 얼음으로 내면의 모습을 표현했다. 세부적으로 살펴보면, 미로는 내담자의 복잡한 마음을 표현한 것이며, 벌은 독침을 이용해서 하트를 쏘고 있는 것을 그렸는데, 이것은 꿀벌의 독침과 같은 날카로운 말로 인해 다른 사람의 마음(하트)에 상처를 주는 것을 의미한다. 태양은 세상의 모든 것을 따뜻하게 감

[그림 4-8] 나의 내면 모습(여대생)

싸주고 싶은 마음을 표현한 것이며, 두 명의 꼬마(텔레토비)는 내담자의 화려함과 유치함을 표현한 것이며, 나무는 시원한 성격을 표현한 것이며, 유리컵에 담긴 얼음은 냉정한 성격을 표현한 것이다. 내담자는 미로 안에 자신의 내면의 모습을 전부 표현하고 있는데, 긍정적인 측면으로는 태양, 나무, 꼬마를, 부정적인 측면으로는 벌의 독침, 얼음을 표현했다. 미로의 입구는 화살표로 표시를 하고 있지만 출구가 없는 것으로 보아 아직 출구를 찾지 못하고 있는 내담자의 마음을 알 수 있을 것 같다.

이 중에서 내담자를 "행복하게 하는 것은 무엇이죠?" 라고 질문하자, 불쌍한 사람이나, 도움이 필요한 사람들을 보면 도와주는 태양과 같은 따뜻한 마음이라고 했다. "힘들게 하는 것에는 어떤 것이 있지요?" 라고 물어보자 독침과 같은 날카로운 말로 다른 사람 마음을 아프게 하는 것이라고 표현했다. 이야기를 하고 나면 후회하기 때문에 고치려고 생각은 하지만 잘 되지 않는다고 걱정을 하였다. 그래서 앞으로는 몇 번 생각한 후에 말을 하도록 하고 '나 전달법' 에 따라 자신의 마음을 전달하도록 했다.

6. 아프고 상처받은 부분 표현하기

1) 목표

자신의 내면과 외면의 고통에 대해 저항을 줄이면서 편안하게 표현하도록 하여 내적 안정감을 얻도록 한다.

2) 준비물

신체상(body of form)이 그려진 그림([신체상] 양식지 참고), 크레파스나 색연필

3) 방법

① 치료자는 내담자에게 신체상이 그려진 그림을 제시한다.

*지시문: "이 신체상이 자신이라고 생각하고, 자신의 신체나 마음이 어떤 상황인지, 신체적 심리적으로 아프고 상처받은 경험이 있으면 그러한 상황을 표현해 보세요."

② 치료자는 내담자가 준비된 신체상 위에 크레파스나 색연필 등을 이용하여 자신의 신체와 마음에 대해 표현하도록 충분한 시간을 준다.

③ 작업이 끝나면 표현한 것에 대해 내담자가 언어로 표현하도록 한다.

4) 상담과정으로의 적용

상담 시 내담자의 자기노출이나 탐색이 중요하지만 상담과정에서 쉬운 일이 아니다. 내담자로 하여금 자신을 노출하고 탐색할 수 있도록 도와주는 기법으로, 저항을 줄이면서 유연하게 적용할 수 있다.

이렇게도 해 보세요.

여러 가지 다양한 매체를 제공하여 자신의 표현을 더욱 용이하게 할 수 있다.

다음 부록에 제시된 신체상의 본은 내담자의 상태에 따라 더 큰 크기로 제시하거나 더 작게 해서 제시할 수도 있다.

사례

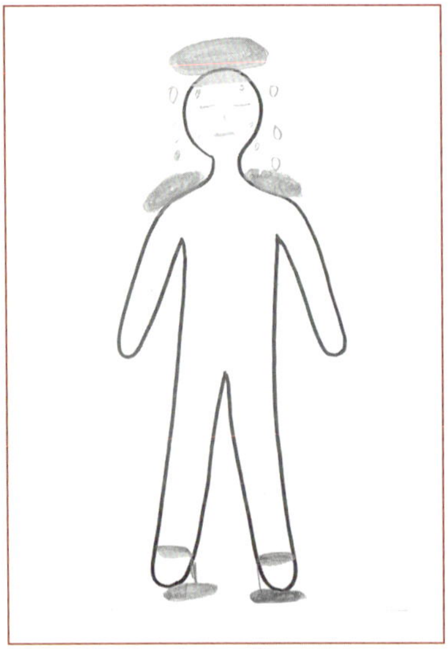

[그림 4-9] 자신의 현재 모습(고졸 남자)

[그림 4-10] 알코올 중독
(입원환자 30대 후반)

[그림 4-9] 고졸 남자의 신체상으로, 두 어깨의 무거운 짐과 머리에 표현된 무겁고 어두운 음영의 표현을 하였으며 이는 자신이 가지고 있는 현재 상황에서의 힘듦과 고통이라고 하였다.

[그림 4-10]은 알코올 중독으로 정신병동에 입원 중인 내담자의 사례로 자신의 머리와 가슴 주변에 술병을 표현함으로써 술에 대한 생각이 끊임없이 야기되는 상황을 표현하였고, 오른쪽 한쪽에 집을 그림으로 가족에 대한 미안함을 표현하였다.

[신체상]

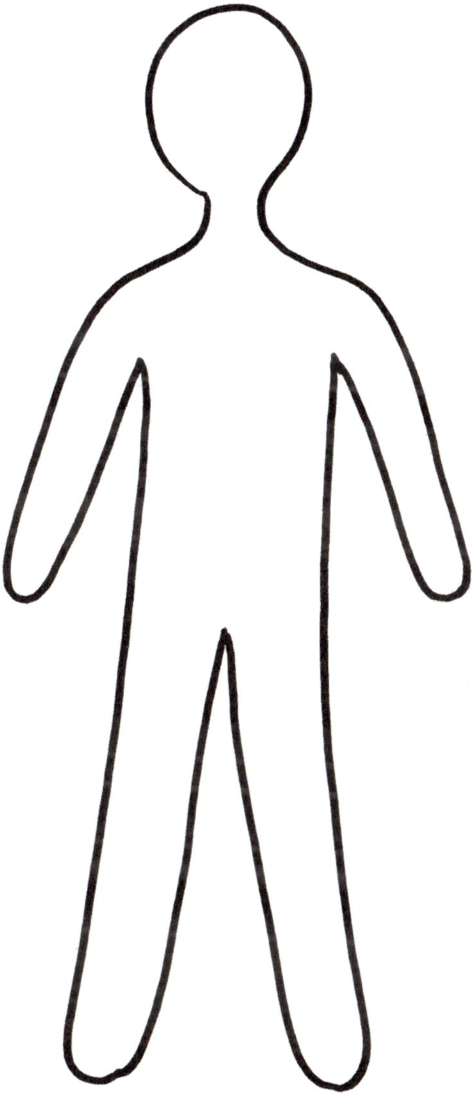

7. 신체 본뜨기(Body tracing) I- 자신을 새롭게 표현하기

1) 목표

자신의 신체상을 표현하여 자신에 대해 더 깊은 자각을 하도록 한다.

2) 준비물

사람 크기의 전지(캔트지 두께의 전지 두 장을 연결하여 준비), 크레파스, 색연필, 물감, 파스텔, 잡지책, 가위, 풀 등

3) 방법

① 전지를 바닥에 깔거나, 벽에 붙여 놓는다.

② 준비된 전지 위에 내담자로 하여금 자유로운 자세를 취하게 하고 치료자가 신체를 본떠 준다. 벽에다 전지를 붙였을 때는 내담자를 벽에 기대게 하고 신체를 본뜬다.

*지시문: "이 신체는 바로 당신입니다. 이제 당신의 신체상을 보고, 자신이 어떤 사람인지, 무엇을 느끼고 있는지, 무엇을 원하고 있는지, 어떤 감정과 생각을 하고 있는지 자신을 꾸며보세요."라고 지시한다.

③ 자신을 표현할 수 있도록 시간을 제공하고, 자신의 모습을 다 표현하였으면, 작품을 소개하도록 한다.

④ 내담자가 작품을 완성하면서 느낀 점을 표현하고, 내담자가 심리적으로 치료자의 피드백을 받아들일 준비가 된 상태라면 치료자가 느낀 점이나 미처 내담자가 생각하고 있지 않은 부분에 대해 피드백한다.

4) 상담과정으로의 적용

이 작업은 개인에 따라서는 작업이 오랜 시간 소요될 수 있으며, 자신을 깊게 들여다 볼 수 있는 계기가 된다. 치료자는 내담자가 작업을 마칠 수 있도록 기다

려주고, 내담자가 무엇을 느끼고, 어떻게 작업하고 있는지를 잘 관찰한다.

이렇게도 해 보세요.

이 작업은 신체를 본떠서 하는 작업이다. 따라서 치료자와 내담자의 상호작용 관계에서 작업할 수 있으며 특히 부모-자녀의 상담관계에서, 적용할 수 있는 기법이다. 서로의 신체를 본떠 주고 작업하는 가운데 서로의 관계를 돈독하게 할 수 있다.

사 례

[그림 4-11] 나 자신-신체 본뜨기

여대생의 신체 본뜨기로 자신의 양면을 표현하였다. 머리 부분 중 왼쪽은 타인에게 보여지는 발랄하고 좋은 기분이나, 오른쪽 반은 먹구름처럼 자신의 답답하고 어두운 면을 표현하고 있다. 가슴에는 자유와 이성에 대한 기대 등을 표현하고 있어 자신의 현재 상황을 자세히 나타내고 있다.

8. 신체 본뜨기 II- 장점 찾기

1) 목표

자신의 장점을 찾아봄으로써, 자존감을 향상시키고, 자신에 대해 자신감을 가지게 한다.

2) 준비물

사람 크기의 전지(전지 두 장을 연결하여 준비한다.), 크레파스, 색연필, 잡지책, 가위, 풀 등

3) 지시사항

① 사람의 크기 정도의 전지를 바닥에 깔거나, 벽에다 붙여 놓는다.

② 준비된 전지 위에 내담자로 하여금 자유로운 자세를 취하게 하고 치료자가 신체를 본떠 준다. 벽에다 전지를 붙였을 때는 내담자를 벽에 기대게 하고 신체를 본뜬다.

*지시문: "이 신체는 바로 당신입니다. 당신이 무엇을 잘하는 사람인지를 생각하고 당신이 생각하고 있는 장점을 찾아 이 신체상에 꾸며보세요."

③ 내담자의 작업이 마쳐지면, 작품을 통해 내담자의 장점을 표현하도록 한다.

4) 상담과정으로의 적용

내담자의 특성에 따라서는 자신의 단점을 찾는 것은 쉽게 할 수 있으나, 장점 찾기가 힘든 내담자가 있다. 이럴 때, 치료자는 내담자로 하여금 자신의 모습을 탐색할 수 있는 여유를 가질 수 있게 하고, 그래도 내담자가 자신을 표현하거나 꾸미기를 힘들어 할 때는 치료자가 내담자에게 느끼고 있는 장점을 표현해 주는 것도 좋은 방법이 된다.

이렇게도 해 보세요.

부모와 자녀 간에 서로의 신체를 본뜨고, 부모는 아동의 장점을 찾아서 꾸며 주고, 아동은 부모의 장점을 찾아 신체상에 꾸며 주는 것도 부모-자녀 서로 간의 관계를 증진할 수 있는 좋은 방법이 된다.

9. 신체 본뜨기 III-미래상 꾸미기

1) 목표

내담자가 자신의 미래에 대해 의미 없고 희망을 느끼지 못하는 경우, 자신의 미래상을 꾸며 봄으로써 자신을 더 소중하게 생각하도록 한다.

2) 준비물

사람 크기의 전지(전지 두 장을 연결하여 준비한다.), 크레파스, 색연필, 잡지책, 가위, 풀 등

3) 방법

① 전지를 바닥에 깔거나, 벽에다 붙여 놓는다.

② 전지 위에 내담자로 하여금 자유로운 자세를 취하게 하고 치료자가 신체를 본떠 준다. 벽에다 전지를 붙였을 때는 내담자를 벽에 기대게 하고 신체를 본뜬다.

* 지시문: "이 신체상은 바로 당신입니다. 당신의 미래에는 어떤 일이 당신에게 일어나기를 원하는지 당신의 신체상에 표현해 보세요."

③ 내담자로 하여금 자신의 신체상에 자유롭게 표현하도록 한다.

4) 상담과정으로의 적용

미래의 자신에게 소망하는 것을 표현함으로써 내담자의 욕구를 확인할 수 있

으며, 자신의 긍정적인 모습에 자신 없어 하는 내담자에게 활동성을 제공할 수 있는 기법이다. 내담자가 미래상을 꾸미지 못한다면, 그러한 자신의 모습을 미술치료과정 중에 표현해 보는 것도 내담자가 자신을 이해하는 데 도움이 될 것이다.

이렇게도 해 보세요.

여러 가지 매체의 다양성을 첨가해서 꾸며보는 것도 좋을 것이다.

사 례

초등학교 여아의 작품으로 미래에 의사가 되고 싶다며 또래 친구와 함께 한 작품이다.

[그림 4-12] 미래상 꾸미기

10. 신체 본뜨기 IV-손

1) 목표

신체 일부분인 손을 이용하여 자신의 장단점을 이해한다.

2) 준비물

A4 용지나 캔트지, 색 사인펜

3) 방법

① 종이에 내담자의 손을 올려놓고 본을 뜬다.
② 오른손과 왼손을 본 뜨고는 오른손에는 자신의 장점을 왼손에는 자신의 단점을 적거나 그림으로 표현하도록 한다.
③ 작업이 끝나면 표현한 것에 대해 치료자는 내담자와 이야기를 나눈다.

4) 상담과정으로의 적용

내담자에 따라서는 장점을 먼저 표현하기도 하고, 장점기술을 힘들어하는 내담자도 있다. 이러한 경우, 치료자는 내담자가 장점을 찾도록 도와주어야 한다.

이렇게도 해 보세요.

① 내담자가 아동일 경우 기능적 측면에 대한 이해를 높이기 위해 손의 좋은 기능, 나쁜 기능(오른손에는 손이 하는 좋은 기능을, 왼손에는 손이 하는 나쁜 기능)을 적어 보게 한다.
② TP 용지(트레이싱 페이퍼)나 색지 등에 손을 그려 자신의 장점을 적고 이것을 오려서 모빌로 활용할 수도 있다.
③ 부모와 자녀가 함께 상담을 받으러 왔을 때는 서로의 손을 본떠서 장단점을

기술하면서 상호작용해 볼 수 있다.

사 례

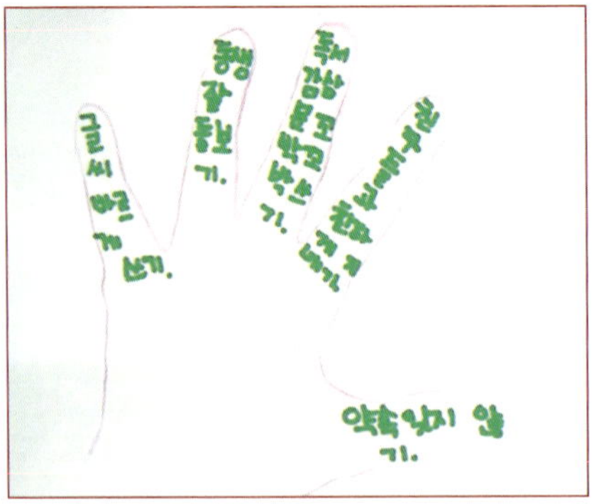

[그림 4-13] 손 본뜨기

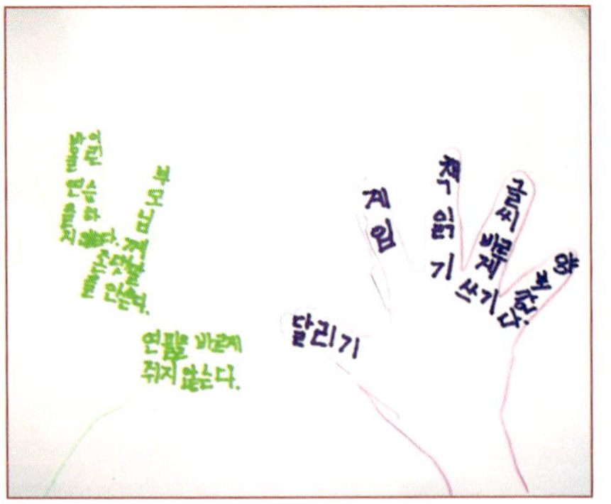

[그림 4-14] 손 본뜨기

[그림 4-13]과 [그림 4-14]는 자신의 장점과 단점을 표현한 초등학생의 손 본뜨기 작품이다. 자신이 잘하는 것과 부족한 것을 잘 이해하고 적극적으로 표현하였으며 작업 동안에 자신에 대해 생각해 보는 계기가 되었다고 하였다.

11. 미해결 과제

상담 장면에서 내담자가 자신을 표현하는 데 있어 많은 저항과 망설임, 자신 없어 하는 모습을 경험할 때가 많다. 내담자의 입장에서는 자신의 그러한 모습을 보이고 싶어 하지 않을 때도 있고, 그런 자신의 모습을 자각하지 못할 때가 있다. 이런 상황에 내담자로 하여금 그림으로 표현하게 하면 자신도 모르게 내면을 표현하게 되고 자신의 작품 앞에서 깊은 통찰이 이루어질 때가 있다.

1) 목표

내담자가 건강하게 살아가는 데 방해하고 있는 내면의 미해결 과제를 표현하고 그것을 적절히 다루어 자신의 문제를 극복할 수 있는 기회를 제공한다.

2) 준비물

도화지, 크레파스

3) 방법

치료 상황에서 특히 내담자들의 게슈탈트 형성(건강한 생활)을 방해하고 있는 미해결 과제를 다룰 때, 그림으로 표현하게 하고 그것을 내담자와 함께 나누면서 자신의 모습을 통찰하도록 한다.

음악을 함께 사용하여 자신의 신체, 내면의 욕구 등을 탐색하도록 한 다음 미해결 과제를 표현하도록 하면 훨씬 효과적이다.

① 조용한 음악을 들려준다(자신의 내면으로 몰입할 수 있는 편안하고 조용한 음악을 들려준다.).

*지시문: "지금 현재 여기에 있으면서도 자신을 힘들게 하고 있는 해결되지 않은 문제, 즉 미해결 과제를 찾아보세요. 해결은 하고 싶은데 잘 되지 않고, 늘 이 문제가 자신의 마음 한쪽에 무겁게 자리하고 있는 부분을 생각해 보세요. 그리고 그것이 무엇인지 표현해 보세요."

② 자신의 미해결 과제를 그림으로 표현하게 한다.

③ 표현한 그림을 감상하도록 한다.

④ 그림 속에 있는 형태, 선등을 보고 자신의 느낌을 표현하고 때로는 그림에 표현되어 있는 대상이 되어 보기도 한다(예를 들면, 사람, 사물 등을 표현하였다면 그림 속의 사람, 사물인 것처럼 생각하고 그 사람이 무슨 생각과 느낌을 가지고 있는지, 사물은 어떤 형태인지, 왜 그곳에 존재하는지 등의 역할을 직접 시연해 보고 언어화하도록 한다.).

4) 상담과정으로의 적용

자신이 표현한 미해결 과제란 현실에서 해결하고 싶지만 쉽게 해결되지 않는 부분이다. 표현된 결과물을 가지고 역할연기나 빈 의자 기법 등과 연결해서 내담자로 하여금 적극적인 표현을 하도록 상담 장면에서 실시할 수 있다.

이러한 과정을 거치면서 자신의 미해결 과제를 찾아보고, 이를 통해 건강한 게슈탈트를 형성하게 된다.

이렇게도 해 보세요.

그림으로 그릴 수도 있지만 그림 그리는 것이 적절하지 않은 내담자는 콜라주로 표현할 수도 있고, 또 다른 다양한 매체, 즉 찰흙이나 지점토, 자연대상물 등을 이용할 수도 있다.

사 례

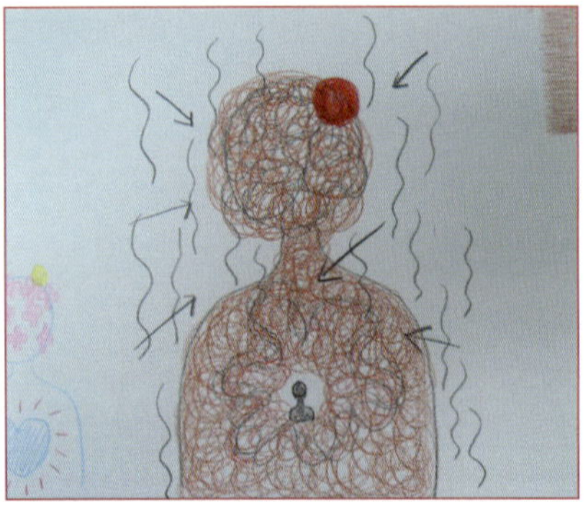

[그림 4-15] 미해결과제(여성)

[그림 4-16] 알코올 중독자의 미해결과제(남자)

[그림 4-15]는 여성의 미해결과제로 그림의 왼쪽 모퉁이에 작게 그려진 그림처럼 행복하고 건강한 삶을 살고 싶지만 지금 자신은 너무나 혼란스럽고 머리가 아프고 외부로부터의 스트레스로 지쳐 있는 자신을 표현하였다.

[그림 4-16]은 알코올 중독으로 인해 입원 중인 남자 환자의 그림으로 큰 나뭇잎에 벌레가 갉아먹은 것을 표현하였고 그림 속의 사람은 뛰어가다가 넘어진 모습인데 술로 인해 유혹을 뿌리치지 못한 자신의 잘못을 표현하였으며, 그림 속의 해골은 영혼의 황폐함이라고 하였다. 알코올로 인한 자신의 힘듦과 심리적인 상황을 그대로 표현하고 있다.

12. 가면 만들기

1) 목표

자신의 내면에 감추어져 있는 자신의 모습을 표현하고 이를 통해 자신에 대한 깊은 이해를 돕는다.

2) 준비물

얼굴모양을 본 뜬 석고나 라덱스, 아크릴 물감, 다양한 크기의 종이, 크레파스, 붓, 물통, 다양한 오브제

3) 방법

① 일상 속에서의 위장된 모습이나, 타인과의 관계에서 자신의 진정한 모습은 어떤 것인지 생각하게 한다.

*지시문: "당신이 어떤 모습으로 생활하는지, 당신이 생각하는 타인과의 관계 속에서의 자신의 모습을 만들어 보세요. 얼굴모양을 본뜬 석고상이나 라덱스를 이용할 수도 있고, 종이를 이용할 수도 있습니다. 자신의 모습을 가면으로 표현해 보세요."

② 내담자가 아동일 경우 쉽게 이해할 수 있도록 지시하고, 자신의 모습을 가면으로 표현할 수 있도록 도와준다.

③ 내담자가 작품을 완성하였으면 작품에 대해 설명하도록 한다.

4) 상담과정으로의 적용

상담과정 중 내담자가 자신의 어떤 모습을 가면으로 표현하였는지, 주로 어떤 사람 또는 상황에서 이러한 가면을 쓰고 생활하는지, 가면을 쓰고 살아갈 때의 자신의 감정 등을 표현하도록 한다. 또 완성된 가면을 직접 써 보도록 하고 느낌을 표현하도록 한다.

이렇게도 해 보세요.

석고상이나 라텍스가 없을 때는 도화지에 크레파스를 이용하여 자신의 모습을 가면으로 만들어 볼 수도 있다.

사 례

[그림 4-17] 타인이 보는 내 모습 (20대 후반 여성)

[그림 4-18] 나의 양면성(여대생)

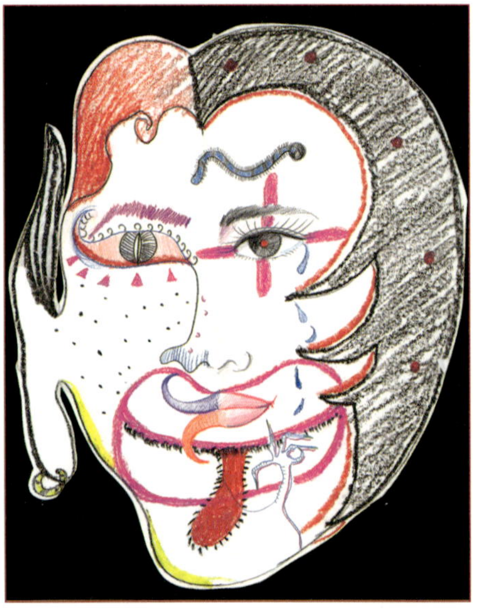

[그림 4-19] 나의 모습(20대 후반의 여성)

작품 [그림 4-17]과 [그림 4-18]은 석고상으로 만든 가면이다. 작품 [그림 4-17]은 자신의 모습 중 다른 사람에게 보여지는 자신과 가족에게 보여지는 자신의 모습이 다르다는 것을 표현하였으며, 작품 [그림 4-18]은 여대생의 작품으로 한 면은 웃고 있으나, 다른 한 면은 찡그리고 일그러진 모습으로 자신의 양면성을 표현하였다. [그림 4-19]는 종이에 그림으로 표현한 가면으로 자신의 겉은 아주 행복한 듯 타인에게 보여지지만, 자신의 내면은 너무나 고통스러운 모습이라며 가면을 표현하였다.

13. 상자기법

1) 목표

자신에 대해 더 깊은 자각을 하도록 한다.

2) 준비물

다양한 크기의 상자, 여러 가지 재활용품(재료들이 다양할수록 자신을 표현하는 것이 용이함), 글루건, 가위

3) 방법

① 상자기법에 대해 설명한다.

*지시문: "빈 상자는 사람의 모습과 비슷합니다. 사람도 겉으로 보이는 부분과 보이지 않는 내면의 모습이 있는 것처럼 겉면은 잘 보이나, 내면의 부분은 밖에서는 잘 볼 수 없는 부분이 있습니다. 상자도 사람과 같아서 겉면은 잘 보이나, 속은 애써 들여다보지 않으면 잘 볼 수 없습니다. 그래서 상자를 이용하여, 상자의 겉면은 남이 보는 내 모습을 표현하고 상자의 속은 내가 보는(아는) 내 모습을 표현해 보세요. 상자로 자신을 표현할 때는 다양한 재료들을 사용해서 표현할 수 있습니다."

② 다양한 모양과 크기의 상자를 준비해 놓고, 내담자로 하여금 자신이 원하는

상자를 선택하게 한다.

③ 그리고 여러 가지 재활용품을 이용하여 꾸며 보게 한다.

④ 이 작업은 개인에 따라 차이가 있지만 시간소요가 많은 작업이다. 치료자는 이 부분을 감안하여 작업을 지시하고 너무 재촉하지 않는 것이 좋다.

⑤ 작업이 끝나면 내담자에게 자신의 작품에 대해 설명하도록 한다.

4) 상담과정으로의 적용

상자기법을 실시할 때, 다양한 크기와 모양의 상자 중 내담자가 어떤 상자를 선택하는가 하는 부분도 중요하다. 내담자에 따라서는 작은 상자를 선택하기도 하고, 어떤 내담자는 큰 상자를 선택하고, 안이 들여다보이는 상자 또는 안을 볼 수 없도록 붙여서 작업하기도 한다. 이러한 내담자들의 선택과정들에도 치료자는 유의하면서 관찰하고, 과정들을 내담자와 함께 나누는 것이 중요하다. 이 작업을 통해 내담자는 자신에 대해 생각하게 되고, 특히 작품을 완성하고 나서 자신의 모습을 객관화하여 살펴볼 수 있는 계기를 가지게 된다.

이렇게도 해 보세요.

집단에 적용할 때는 겉면을 다른 집단원들이 느꼈던 부분을 개인의 상자 겉에 표현해 주면서 피드백하는 것도 좋은 방법이 될 수 있다.

사 례

[그림 4-20]의 작품은 여대생이 만든 것으로 겉면은 화려하고 밝아 보이는 색종이로 반듯하게 붙여서 타인이 보는 자신의 완벽한 모습을 표현하였고, 상자의 안은 흙덩이와 압정, 모래, 얽힌 실과 'Stop' 이라고 쓰인 폿말을 위치시킴으로써 자신의 내면이 복잡하다는 것을 표현하고 있다.

[그림 4-20] 자신의 표현(여대생)

14. 생활선 그리기 I

1) 목표

자신의 과거와 현재, 미래의 모습을 표현하도록 하여 삶의 여정을 돌아보고 자신을 이해한다.

2) 준비물

다양한 크기의 도화지, 색연필(또는 색 사인펜, 크레파스)

3) 방법

① 연령별로 연결해 놓은 [생활선 1] 양식지를 내담자에게 제시하면서 "태어나서부터 현재까지, 그리고 미래에 대하여 자신의 상황을 생각하면서 긍정적일 때는 수평선 위로 선택하고, 부정적이고 또는 힘들다고 생각했을 때 수평선 아래에 생활선을 표시하도록 한다."

② 연령에 따라 생활선을 선택했다면, 그 선을 서로 잇도록 한다.

③ 각 상황에 대해 어떻게 선택을 했는지를 이야기하도록 한다.

4) 상담으로의 적용

내담자에게 삶의 과정을 살펴볼 수 있는 기회가 된다. 자신의 삶 속에서 긍정적인 부분과 부정적인 부분, 상처에 대해 그리고 과거와 현재, 미래 모습에 대해 살펴볼 수 있다.

생활선(life line)을 표시하고 연령단계별로 높낮이, 선의 굵고 가는 정도 등으로 자신의 생의 주기를 나타내게 한다.

이렇게도 해 보세요.

생활선 그리기를 할 때, 먼저 명상을 하고 난 다음 자신의 모습을 생각하게 하고 표현하도록 하는 것도 좋은 방법이다.

연령별 활동지를 제공해 줄 수도 있고, 활동지를 제공하지 않고, 자신의 생활을 그림이나 글자로 표현할 수도 있다.

사 례

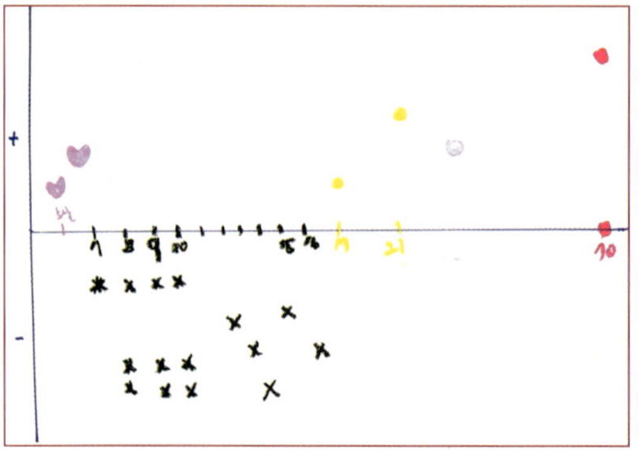

[그림 4-21] 생활선 그리기(여대생)

여대생의 생활선 작품으로 아동기의 부모의 다툼이 자신을 힘들게 했던 시기를 검은색으로 표현하였다. 현재는 조금 더 긍정적인 생활선을 표현하였으나 전체적 작품을 통해 부모의 불화로 인해 위축하고 긴장되었던 자신의 힘든 상황이 현재 자신의 모습에도 영향을 미침을 인식하였던 그림이다.

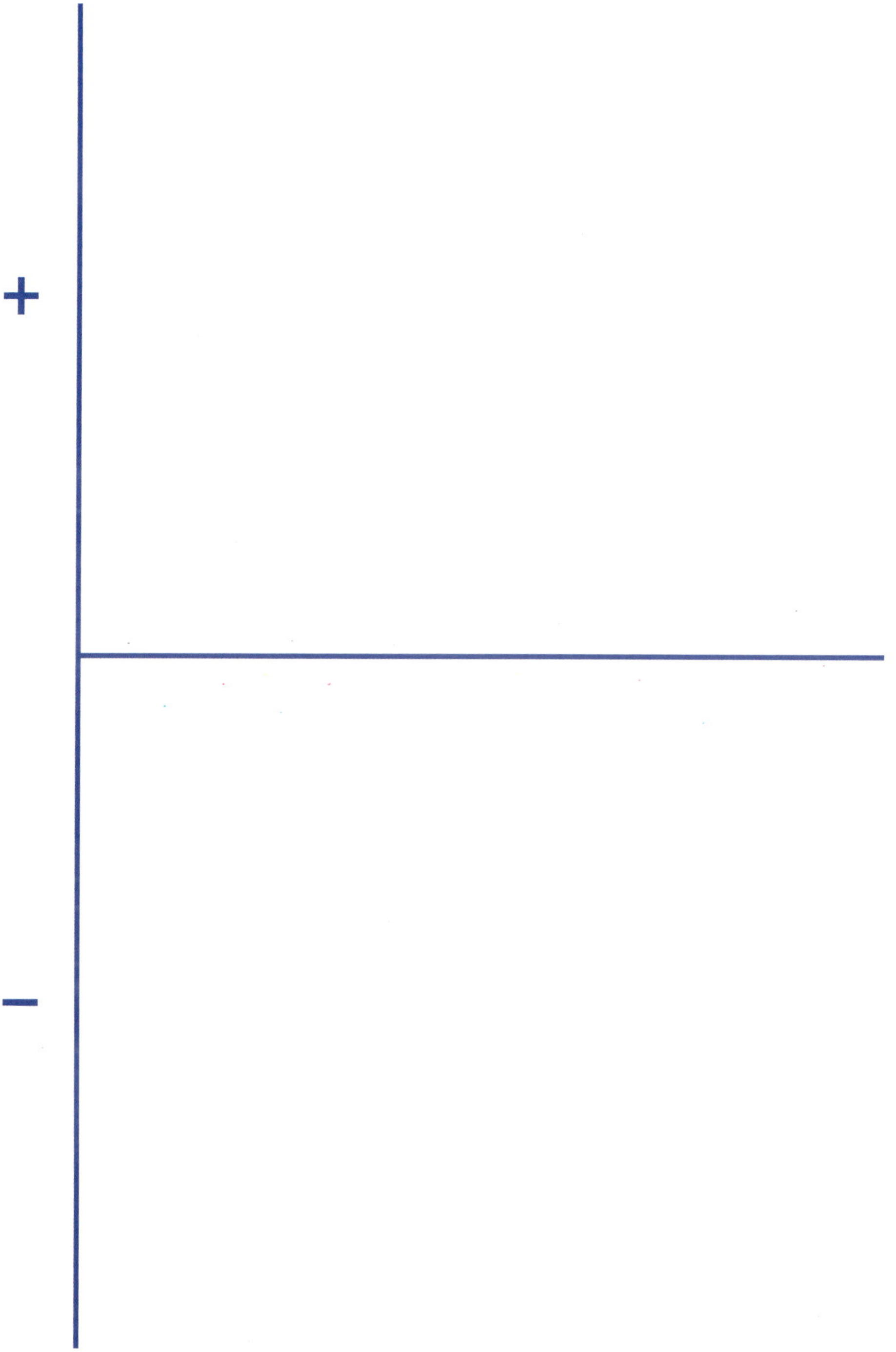

[생활선 1]

15. 생활선 그리기 II

1) 목표

내담자에게 과거 자신에게 중요했던 사건을 탐색하여 자신을 이해할 수 있도록 한다.

2) 준비물

다양한 크기의 도화지, 색연필(또는 색 사인펜, 크레파스), 기타 여러 가지 재료

3) 방법

① 앞서 소개한 생활선 그리기 I 의 방법으로 자신의 삶을 탐색할 수도 있지만, 자기 탐색에 더 몰입하고, 작업에 대한 에너지를 표현할 경우 이 방법을 사용할 수 있다.

*지시문: "태어나서부터 지금까지 자신의 상황을 생각하면서 어떻게 살아왔는지, 어떤 것이 기억이 나는지, 특징적인 사건은 없었는지를 생각하고 지면에 표현해 보세요."

② 내담자가 자신의 살아온 모습과 삶에서 기억나는 상황을 표현하도록 한다.

③ 내담자가 작업을 완료하면, 그 부분에 대해 이야기하도록 한다.

4) 상담으로의 적용

현재의 삶에 영향을 미치는 과거의 사건 회상을 통해 내담자의 깊은 인식과 통찰을 가져올 수 있으며 치료자도 내담자에 대한 다양하고 깊이 있는 정보를 얻을 수 있다.

이렇게도 해 보세요.

① 생활선 그리기를 할 때, 먼저 명상을 하고 난 다음 자신의 모습을 생각하게 하고 표현하도록 하는 것도 좋은 방법이다.

② 그림으로 그릴 수도 있고, 콜라주나 그 외 다양한 오브제를 활용하여 표현할 수 있다.

사례

[그림 4-22] 생활선 그리기(여대생)

[그림 4-22]는 여대생의 생활선이다. 자신의 생활선 그리기에서 아동기와 청소년기의 자신의 힘든 상황들을 표현하였으며, 현재에서 미래로 가면서 자신의 모습의 변화를 시도하고 있으며 과거보다는 자신의 모습에 변화를 가져오고 있다고 표현하였다.

16. 콜라주: 과거, 현재, 미래 모습 표현하기

1) 목표

자신의 과거와 현재, 미래를 탐색하므로 내담자 자신의 모습을 이해하도록 한다.

2) 준비물

다양한 크기의 도화지, 잡지책, 크레파스, 풀, 가위

3) 방법

① 조용히 눈을 감고 편안한 자세를 취하게 한다(이때, 명상음악을 사용하면 효과적으로 작업에 몰입할 수 있다.).

*지시문: "지나온 과거, 그리고 현재, 미래에 대해 생각해 보세요(치료자는 천천히 지시하고, 충분히 자신의 내면을 생각해 볼 수 있는 시간을 준다.). 그런 다음 치료자는 내담자에게 눈을 뜨게 하고, 자신의 과거와 현재, 미래에 대해 떠오르는 생각이나 이미지를 잡지책에 있는 다양한 그림이나 사진 중에 내담자 자신의 마음이 움직이는 대로 그림이나 사진을 선택해서 도화지에 붙여보세요." 라고 지시한다.

② 내담자가 아동인 경우 과거, 현재, 미래의 용어를 이해하지 못할 때는 이해가 쉽도록 지시한다. 예를 들면, "네가 어렸을 때와 지금의 너 그리고 네가 지금보다 더 컸을 때를 생각해 보세요."

③ 선택한 내용에 대해 내담자와 이야기한다.

④ 잡지책의 그림이나 사진을 선택해서 표현할 수 있지만 내담자가 원한다면 크레파스나 다른 매체로 과거, 현재, 미래를 표현할 수도 있다.

4) 상담과정으로의 적용

① 이 기법은 상담의 초기보다는 중기에 사용하는 것이 적절하다. 왜냐하면 자신의 삶의 노출이기 때문에 초기에는 저항이 있을 수 있다.

② 그림을 찾고 붙이는 과정 중에 내담자의 태도를 잘 관찰한다.

③ 매체를 다양하게 사용하면 내담자 자신을 표현하는 것이 더 용이할 수 있다.

이렇게도 해 보세요.

과거, 현재, 미래를 한 회기에 함께 표현할 수도 있지만, 각각 분리해서 표현할 수도 있다. 치료 과정에서 과거에 대한 탐색이 필요할 때는 과거에 대해 표현하고, 지금의 자신에 대해 표현하고자 할 때는 현재의 자신을, 미래의 자신에 대해 표현하고자 할 때는 미래에 대한 내용만을 표현하는 것도 좋은 방법이다.

사례

[그림 4-23] 과거 현재 미래(여대생)

[그림 4-23]은 여대생이 표현한 작품이다. 과거는 용지의 왼쪽에 나타나 있는 것으로 자신이 그물 속에 갇혀 있으며, 하반부에 압정, 못 등을 붙여 바늘 방석에 앉아 있는 듯한 자신의 고통스러움을 표현하고 주어진 상황에서 탈출하고 싶은 마음을 나타냈다.

현재는 중간부분에 표시하였는데, 새장의 문이 열려 있으며 I Can Fly로 나타내어 자아의 힘이 강해졌음을 시사하고 있다. 또한 자신이 여러 가지 측면에서 노력하고 있고 그러한 결과로 자신이 조금씩 피어오르고 있는 모습을 꽃으로 표현하였다.

미래는 그림의 오른쪽 부분으로 자신의 영역에서 최고 1인자가 될 것이며 성공적인 미래를 기대하고 있음을 알 수 있다.

이러한 작업을 통하여 자신을 되돌아볼 수 있고 미래의 방향을 확고하게 할 수 있었다고 하였다.

제5장 관계 속의 나 알기

1. 소시오그램

1) 목표

내담자의 삶에서 중요한 사람들을 어떻게 볼 것인가 하는 통찰력을 길러준다.

2) 준비물

종이(다양한 크기의 종이), 색연필

3) 목 표

① [소시오그램] 양식지를 활용하여 하트 안에 자기 자신을 나타내는 이미지를 그리게 한다.

② 내담자가 가장 중요하다고 생각하는 사람의 이름은 하트 밖의 첫 번째 원에 적고, 그 사람에 대해 연상되는 이미지를 그리게 한다.

③ 그 다음으로 중요하다고 생각하는 사람의 이름을 그 다음 원에 적고, 연상되는 이미지를 그리게 한다(사례 참고).

④ 각 원 안에 있는 사람들에 대해서 내담자와 이야기를 나눈다.

4) 상담과정으로의 적용

① 9세 이상의 내담자에게 활용하는 것이 좋다.

② 내담자가 자신의 감정을 안전하게 표현할 수 있도록 신뢰감이 충분히 형성된 후에 실시하는 것이 좋다.

③ 내담자가 자신의 감정에 솔직한 것은 옳은 것임을 알도록 해야 한다.

④ 활동을 하기 전에 내담자에게 누가 가깝고, 누가 가장 중요한지 그리고 가장 사랑하는 사람은 누구인지를 가늠하는 것이라고 설명해 준다.

⑤ 내담자 자신을 포함하여 4명을 채울 수 있는 사람을 찾지 못해 고민하고 망설이는 사람도 있다. 이러한 경우 치료자는 사람이 아니더라도, 내담자가 좋아하는 것들로 동심원을 채워나가도 됨을 알려주는 것이 필요하다.

⑥ 동심원이 부족하다고 생각하는 내담자도 있는데, 이때는 그 외의 사람들을 마지막의 원 밖에 표현해도 된다고 알려주면 된다.

⑦ 그림을 다 그리고 설명하고 나서는 순서를 바꾸고 싶어 하는 내담자도 있다. 즉, 처음에는 소중하지 않다고 생각했다가 활동을 하면서, 그 사람의 소중함을 알게 된 경우로 이때는 순서를 다시 바꾸어도 된다.

⑧ 내담자 주위에 있는 사람들의 소중함에 대해 생각하는 시간이 될 수 있으므로, 그 사람에게 감사하는 마음을 전달하는 활동을 함께 한다면 더욱더 좋은 시간이 될 것 같다.

이렇게도 해 보세요.

① '소시오그램' 을 한 후, 내담자가 각각의 중요한 사람들의 입장이 되어 자신을 어떻게 배치할 것인가에 대해 생각하게 한 후 적절한 동심원에 연상되는 이미지를 그리게 한다. 이때 '소시오그램' 에서의 동심원과는 매우 다를 수도 있으므로 이렇게 차이가 나는 이유에 대해 내담자와 이야기를 나눈다.

② '내담자가 소중하게 생각하는 물건' '내담자와 친한 사람이 소중히 여기는

물건' '내담자에게 어울리는 직업' 등의 주제를 사용하여 같은 방법으로 활용할 수 있다.

사례

[그림 5-1] 소시오그램(여고생)

[그림 5-1]은 고등학교 3학년 여학생이 활동한 것으로 가장 작은 원 안에 빨간색으로 하트를 그린 후 '빠꼬' 라는 자신의 별명을 적었고, 그 다음 칸에는 부모님, 언니, 찐빵, 배우자 순으로 중요한 사람을 표현하였다.

'빠꼬' 라는 별명은 중학교 때 친한 친구가 지어준 것인데 이름에서 따온 것으로 지금은 이름보다 더 잘 알려진 별명이 되었다고 하였다. 부모님은 빨간색의 하트로 그려 두 분의 사랑을 표현하였다. 내담자는 현재 부모님과 떨어져 기숙사 생활을 하기 때문에 부모님에 대한 그리움과 소중함을 더 많이 느끼고 있는 것 같다. 언니는 꽃을 찾아다니는 나비와 같아서 나비와 꽃으로 표현하였으며, 언니가 무척 부럽다고 하였다. '찐빵' 은 초등학교 때부터 가장 친하게 지낸 유일한 친구라고 했다. '찐빵' 하면 연상되는 이미지를 그려 달라고 하자, 한참을 고민하더니 '소중함' 이라는 글자를 적으면서, 어떤 그림도 찐빵이랑은 어울리지 않을 것 같다고 하였다. 그러더니 갑자기 골무와 바늘을 그리면서, 찐빵은 바느질하는 자신에게 다치지 않게 손가락을 보호해 주는 골무 같은 존재라고 하면서 스스로 만족해하는 표정을 지었다. 마지막으로 소중한 사람은 한참 고민하더니 미래의 배우

자라고 적었다. 평생을 함께 할 사람이므로 가족과 친구 다음으로 가장 소중한 사람이라고 하면서 구름과 잔디로 표현하였다. 물만 주면 자라는 잔디와 같은 끈기와 성실함 그리고 비옥한 땅을 만들어 주는 비를 품고 다니는 구름처럼 항상 내담자를 비옥한 땅처럼 풍부하게 만들어 주는 사람이었으면 하는 마음으로 그렸다고 했다.

[그림 5-2] 소시오그램(고등학생, 여자)

[그림 5-2]는 이 활동의 변형으로 내담자가 중요하다고 생각하는 사람 중 어느 한 사람이 되어서 그 사람을 가장 안쪽의 원에 배치한 후, 그 사람이 중요하다고 생각하는 사람 순으로 표현한 것이다. 내담자는 가장 친한 친구인 '찐빵' 의 입장이 되어 표현하였으며, 아빠, 빠꼬, 오빠, 사장님 순으로 표현하였다.

찐빵은 우정을 대표하는 색인 초록색 하트로 표현하였다. 아빠는 소나무와 바다의 수평선으로 표현하였다. 소나무처럼 변하지 않으며, 고지식한 일관성을 지니고 있고, 수평선처럼 항상 그 선을 유지하면서 바다 같은 넓은 마음으로 사고뭉치인 찐빵을 감싸 안아 주시기 때문이라고 했다. 현재 부모님이 이혼한 상태인, 그런 진빵에게 모든 것을 수용해 주는 아빠가 가장 중요한 존재임을 알 수 있었다. 빠꼬는 벤치, 바늘과 골무로 표현하였다. 빠꼬는 찐빵에게 벤치 같이 쉬어갈 수 있는 공간이라고 설명하면서 빠꼬 역시 찐빵에게 골무 같은 존재라고 말하였다. 오빠는 여자를 좋아하기 때문에 여자 몸매를 나타내는 콜라병으로 표현하였으며, 사장님은 찐빵이 아르바이트하는 곳의 사장님으로 금전적으로 도움을 주는 사람이라서 돈으로 표현하였다고 했다.

내담자는 평소에 중요한 사람들에 대해 생각해 본 적이 없었는데, 이 시간을 통해 이들에 대해 생각해 볼 수 있는 시간을 가질 수 있어서 좋았다고 표현했다. 그리고 소중히 여기는 사람으로 가족이 먼저 생각나는 것을 보면 확실히 피는 물보다 진한 것 같다고 하면서 미소를 지었다. 내담자를 잘 아는 사람의 입장이 되어서 생각해 보아도 역시 이 사람도 가족이 중요함을 알 수 있었다고 했다. 이 시간을 통해 다시 한 번 가족의 소중함을 느끼고 알 수 있게 되어서 참 소중한 시간이 되었다고 했다.

[소시오그램]

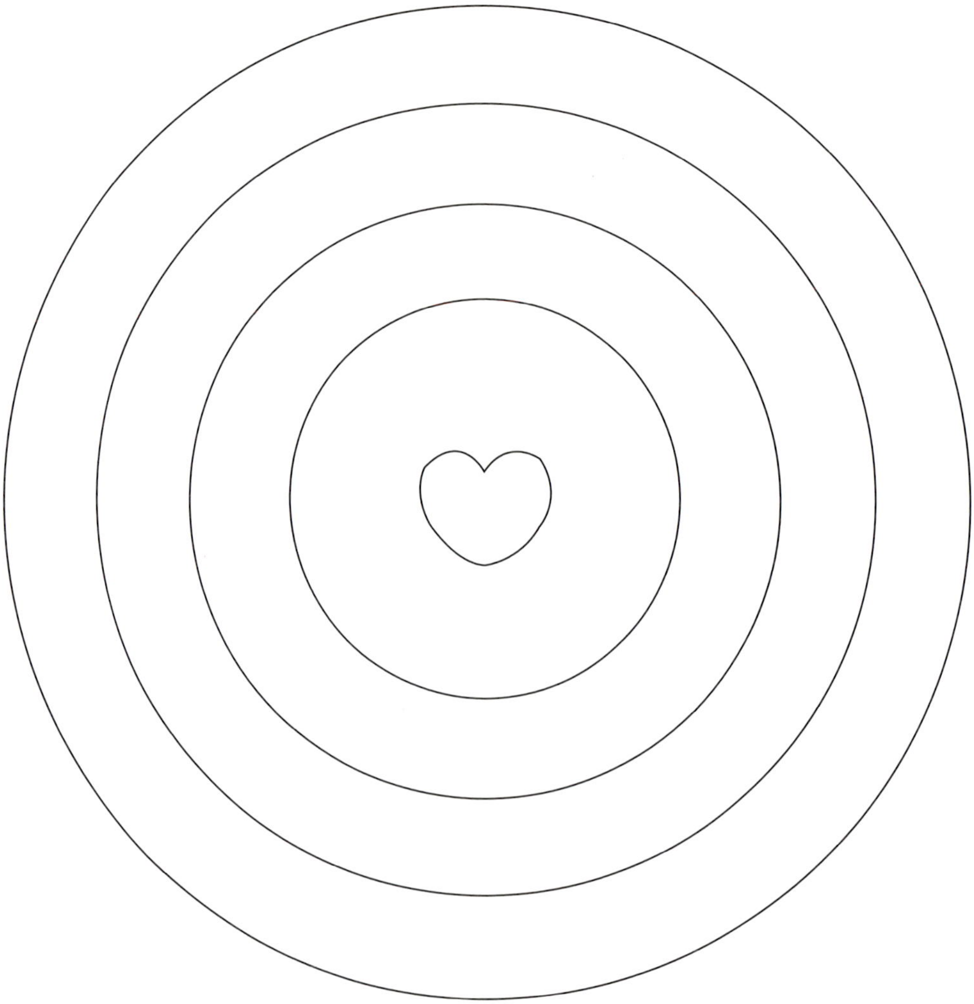

2. 대인관계

1) 목표

대인관계를 맺는 데 방해되는 것이 무엇인지 살펴보아 대인관계의 어려움을 해결하게 한다.

2) 준비물

8절지 도화지 1장(다양한 크기의 종이), 크레파스, 잡지, 가위, 풀

3) 방법

① 다른 사람과 관계를 맺는 데 방해되는 것이 무엇인지에 대해 생각하게 한다. 대인관계를 맺는 데 방해가 되는 이미지나 단어를 잡지에서 찾아 오려서 종이에 붙인다.

② 선택한 이미지나 단어를 가지고 내담자와 치료자가 서로 이야기를 나눈다.

- 선택한 이미지의 중요성, 즉 다른 사람과 관계를 맺는 데 방해가 되는 것이 내담자의 삶에 얼마나 큰 영향을 미치는지?
- 현재 대인관계를 통해 얻을 수 있는 것 중 가장 큰 장점과 단점에는 어떤 것이 있는지?
- 대인관계를 맺을 때 내담자에게 가장 필요한 것은 어떤 것이 있는지?

4) 상담과정으로의 적용

① 스트레스와 외상이 있으면 다른 사람과 관계를 맺는 것이 어려워진다. 특히 어렸을 때 외상을 입었다면, 다른 사람들과 관계를 형성하는 능력이 제대로 발달되지 못할 수도 있다. 그러므로 치료자는 내담자가 가진 대인관계의 어려움이 어디에서 발생된 것인지 먼저 살펴보아 여기에 맞는 접근을

해야 한다.

② 좋은 인간관계를 맺었을 때 갖게 되는 느낌에는 어떤 것이 있는지 함께 나눈다. 그리고 이것을 유지하는 데 필요한 것이 무엇인지에 대해서도 함께 생각한다.

③ 건강한 대인관계는 외상으로 인해 고갈된 내담자의 내면세계를 풍요롭게 해 줄 수 있다는 점을 치료자는 명심해야 한다. 누군가 나를 필요로 한다는 느낌을 가지게 되고, 삶에서 목표를 찾게 되며, 사람들 사이에서 따뜻함과 관심, 기쁨을 체험하게 되는 것 등은 내담자의 내면세계를 풍요롭게 해 줄 것이다.

이렇게도 해 보세요.

① 다양한 형태의 손 그림을 그려주고 그중에서 내담자가 대인관계를 맺는 방법을 상징해 주는 손 이미지를 찾아보게 할 수도 있다.

② 찰흙으로 나와 타인을 상징하는 이미지를 만들 수도 있다.

③ '가까운 관계, 조금 먼 관계, 친해지고 싶은 관계'로 나누어서 활용할 수도 있다.

④ 내담자에게 중요한 사람을 5명 정도 선택하게 한 후, 그 사람들을 나타내는 이미지를 잡지에서 찾아 오려서 종이에 붙이게 한다. 그리고 다양한 종류의 줄 혹은 실을 활용하여 자신과 연결시키도록 할 수 있다.

⑤ 어려움에 부딪혔을 때 그것을 헤쳐 나갈 수 있도록 도와주는 사람들을 가지고 활동할 수도 있다.

사 례

[그림 5-3]은 40대 후반의 여성이 그린 작품이다. 내담자가 대인관계를 맺는 방법을 상징해 주는 손 이미지로 편 손, 주먹을 쥐고 있는 손, 서로 잡고 있는 손을 표현하였다. 여기에서 편 손은 자신을 상징하며, 그 옆에 주먹을 쥐고 있는 손은 남편을 상징하는 것이며, 편 손과 주먹 쥐고 있는 손 사이에 두 손을 잡고 있는 것

은 다양한 만남을 의미한다고 했다. 내담자는 언제나 누구와도 많은 만남을 나누며 살고 있지만, 남편은 이런 내담자를 억압하고 있다고 했다. 내담자는 남편과의 만남이 잘 이루어지지 않기 때문에 정서적인 만남이 이루어지길 바라고 있는 것 같았다.

빈 의자 그림은 두 가지의 의미가 있다고 했다. 하나는 한곳에 정착하여 안정된 삶을 살고 싶은 마음을 나타낸다고 했다. 다른 하나는 이곳에서의 고통스러운 삶을 의미한다고 했다. 이말을 하면서 내담자는 눈물을 흘리기 시작하였다. 현재 내담자는 남편의 폭력으로 이곳에서 아이들과 계속해서 살 것인지, 아니면 이곳을 떠날 것인지에 대해 고민하고 있는 상태라고 했다. 치료자가 그렇게 힘들고 어려운 상황을 어떻게 견뎌내고 있는지 물어보자, 내담자는 아들과 딸 그리고 언니가 내담자에게 많은 힘을 주기 때문에 살 수 있다는 이야기를 했다. 남편과의 정서적인 만남이 이루어질 수 있도록 하기 위해서는 무엇을 해야 할 것인가에 관해 이야기를 나누고 상담을 마쳤다. 내담자는 이 활동을 하면서 지금까지 참고 있었던 눈물을 쏟아 내기 시작했다. 치료자는 내담자에게 마음껏 울 수 있는 시간을 주었으며, 내담자는 이 활동을 통해 자신의 감정을 표출할 수 있어서 좋았다고 했다.

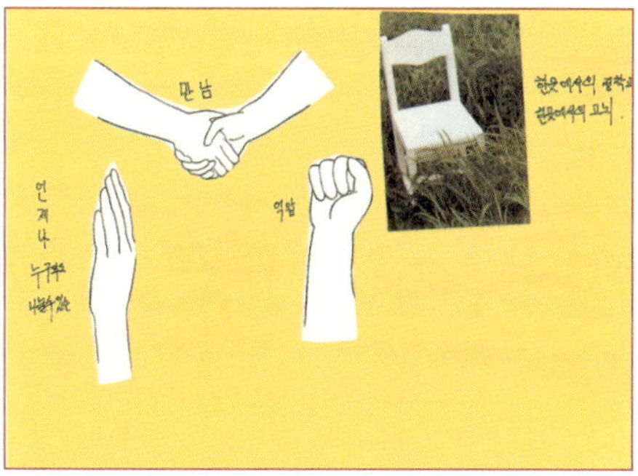

[그림 5-3] 대인관계(중년여성)

3. 역할

1) 목표

현재 내담자의 삶에서 맡은 역할을 되돌아보게 한다.

2) 준비물

4절지 흰 도화지 1장, 여러 가지 종류의 종이, 종이 대용품들(포장지, 한지, 알루미늄 포일, 종이 백, 화장품 티슈, 냅킨, 종이타월, 사포, 봉투, 잡지, 신문), 가위, 풀

3) 방법

① 현재 생활 속에서 어떤 역할을 맡고 있는지 생각해 보게 한다.
② 자신의 역할들을 나타내 줄 수 있는 종이를 선택하게 한다.
③ 바탕 종이에 선택한 종이를 원하는 모양으로 풀칠해서 붙이게 한다.
④ 각각의 종이가 어떤 역할을 나타내고 있는지에 대해 내담자와 이야기를 나눈다.

4) 상담과정으로의 적용

① 12세 이상의 내담자에게 적용할 수 있다.
② 치료자는 활동을 하기 전에 여러 가지 역할에 대한 예를 내담자에게 알려주는 것이 좋다. 예를 들면, 딸의 역할, 아내의 역할, 며느리의 역할, 치료사의 역할 등이 있다.
③ 이러한 역할 중에서 내담자가 가장 잘하는 역할과 가장 못 하는 역할은 어떤 것이 있는지 내담자와 이야기를 나눈다.
④ 이러한 역할 중에서 앞으로 바꾸고 싶은 역할이 있다면, 그 역할을 무엇 때문에 바꾸려고 하는지, 그리고 어떻게 바꾸었으면 하는지에 대해 내담자와

이야기한다.

이렇게도 해 보세요.

① 색종이를 활용하여 각 역할들을 표현할 수도 있다.

② 각 역할을 상징하는 물건을 붙이게 할 수도 있다.

사례

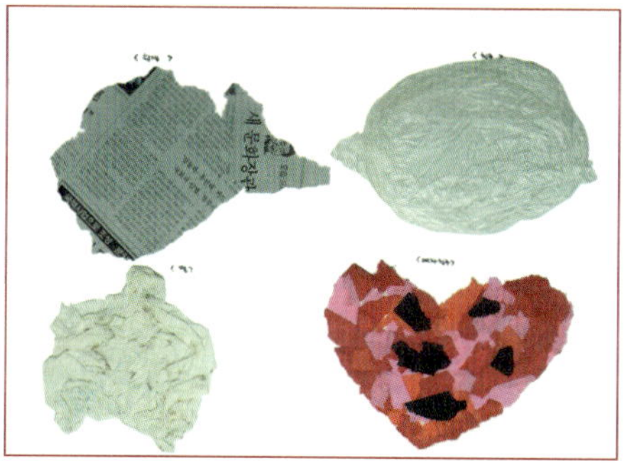

[그림 5-4] 역할(여대생)

[그림 5-4]는 23세 여대생이 자신의 삶에서 맡은 역할을 표현한 것이다. 학생, 친구, 딸, 여자 친구의 역할로 구분하여 표현했다. 학생으로서의 역할은 매우 복잡하고 바쁘며, 졸업과 취업에 대한 부담감이 느껴지는 역할로 신문지를 활용하여 표현했다. 친구로서의 역할은 여러 친구와 친하면서 모든 것을 다 수용하는 역할로 봉투로 표현했다. 딸로서의 역할에 관해서는 항상 부모님을 순수한 마음으로 사랑하지만 솔직히 표현하지 못한 부분이 있어 종이를 구겨서 붙였다. 여자 친구로서의 역할에 관해서는 남자 친구와 서로 좋아 교제를 시작했지만 여러 가지로 마음이 안 맞는 부분이 있어 종이를 찢어 붙였다. 이 중에서 앞으로 바꾸고 싶은 역할은 딸로서의 역할이었다. 나름대로는 이 역할을 잘 수행하고 있지만, 부모님과 함께 시간을 자주 보내고 '사랑한다' '감사한다'라는 표현을 자주 하고 싶다고 했다.

4. 내 인생의 중요한 세 사람

1) 목표

① 내담자의 대인관계에서의 영향을 살펴보고, 삶에 중요한 영향을 미치는 사람에 대한 이해를 돕는다.
② 내면의 긍정적, 부정적인 사람에 대한 감정을 표현함으로써 자신의 대인관계에서의 패턴을 객관화해서 이해하게 한다.

2) 준비물

크레파스, 색연필, 사인펜, 잡지책, 풀, 가위. 캔트지

3) 방법

① 이 방법은 대인관계 속에서 자신의 모습을 객관화시켜 보고, 내담자 자신의 삶에 긍정적, 부정적 영향을 미친 사람에 대해 살펴봄으로써 내담자가 가지고 있는 내면의 감정을 정화할 수 있는 계기가 된다.

＊지시문: "마음을 편안하게 이완해 보세요. 조용히 눈을 감고 잠시 생각해도 좋습니다. 당신은 살아오면서 많은 사람들을 만났을 것입니다. 그 많은 사람들 중에 나에게 긍정적인 영향을 준 사람도 있고, 나를 힘들게 하거나 방해를 한 사람도 있었을 것입니다. 어떤 사람들이 생각나나요? 자, 떠오르는 사람 중 긍정적이던, 부정적이던 자신에게 영향을 미친 사람들 중 세 사람만 떠올려 보세요. 그 사람들은 나에게 어떤 사람이었나요? (4~5분 정도 생각할 수 있도록 시간을 준다.) 내 마음에 떠오르는 그 사람들에 대한 이미지를 그림으로 그리거나 콜라주로 표현해 보세요."

4) 상담과정으로의 적용

① 내 인생에 영향을 미친 사람을 선택하는 과정은 미술치료 과정에서 중요한 자기 노출의 과정이다. 때론 내담자가 쉽게 이미지를 그리고 표현하지만,

표현이 힘든 내담자도 있다. 그리고 작품으로 완성은 하였지만, 언어화를 힘들어 하는 경우도 있다. 이럴 땐 강요하지 말고 내담자가 작업과정 속에서의 느낌을 소중하게 다루는 것이 더 중요하다.

② 내담자가 자신의 인생에 중요한 세 사람에 대한 이미지를 그림으로 그리거나 콜라주로 표현할 수 있도록 치료자가 여유 있게 기다려 주고, 표현이 마쳐지면 서로 작품에 대해 이야기하도록 한다.

③ "꼭 세 사람만 표현해야 하나요?" 라고 질문할 때가 있다. 이럴 땐 치료자가 "더 많은 사람을 표현하고 싶으면 작업하되 언어로 표현할 때는 세 사람만 표현해 주세요." 라고 한다.

이렇게도 해 보세요.

여러 가지 다양한 매체를 제공하여 자신의 표현을 더욱 용이하게 할 수 있다.

사 례

[그림 5-5] 내 인생에 중요한 세 사람(여대생)

대학 1학년 여대생의 작품으로 내 인생에 중요한 영향을 준 엄마와 친구 그리고 또 한 사람의 친구인데, 마스크를 쓰고 있는 사람이 자신이 힘들 때 도와준 친구이나 그 친구로 인해 아주 마음 아픈 일이 있었다고 하면서 친구에 대한 야속한 마음을 표현하였다.

5. 9분할 통합 회화법

9분할 통합 회화법은 일본의 愛知醫科大學 심리학과 교수인 모리다니(森谷實之, 1986)가 제안한 기법으로 도화지에 테두리를 그은 후, 화면을 3×3으로 9분할하여 각각의 칸 속에 그림을 그리게 하는 방법이다(김동연, 2000, 재인용).

1) 목표

내담자의 갈등적 요소를 구체적이고 통합적으로 파악한다.

2) 준비물

A4 용지, 검은 매직, 연필, 크레파스나 색연필

3) 방법

① 치료자가 A4 용지에 검은색 펜으로 자유로이 테두리를 그린 후 화면을 3×3으로 분할한다. 테두리선과 화면을 분할할 경우 자를 사용하지 않도록 한다.

② 분할된 용지를 제시하고 다음의 지시사항에 따라 그림을 그리게 한다. 이때 9칸 모두 그리지 못하는 경우 '전부 그릴 필요는 없다.' 는 것을 덧붙여 설명해 준다.

※지시문: "오른쪽 밑 칸부터 시계 반대 방향으로 중심을 향하여 순서대로 그리든지 또는 그 반대로 중심에서부터 시계방향으로 오른쪽 밑 칸을 향하여 순서대로 그리든지 어떤 방법이라도 상관이 없습니다. 어머니(아버지, 가족, 형)에 관하여 일상생활 중에서 느낀 대로, 생각나는 대로, 머리에 떠오르는 대로 무엇이라도 상관이 없습니다. 자유로이 그림을 그려주세요." "그래도 그림을 그리지 못할 경우에는 문자, 도형, 기호 등 무엇이라도 상관없습니다."

③ 색칠하기를 원하면 그림에 색연필이나 크레파스로 색칠하게 한다.

④ 그림을 그린 후 "전체를 보면 어떤 주제가 생각납니까?" 라고 질문을 하여 그림의 제목을 붙인다.

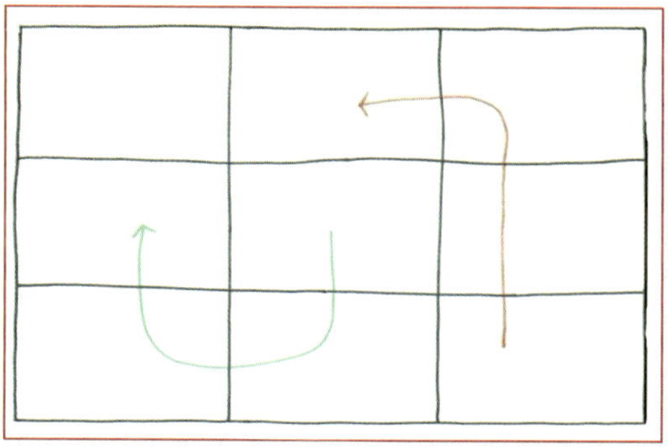

⑤ 그려진 그림, 문자, 도형, 기호로 표현된 이미지가 무엇을 의미하는지에 대해 이야기한다.

4) 상담과정으로 적용

① 그림을 그릴 때 그리는 순서에 대해 언급하지만 한정시킬 필요는 없고 내담자가 그리는 대로 수용하는 것이 좋다. 처음 그린 것과 마지막에 그려진 이미지가 내담자에게 있어서 중요한 심리적 반응을 나타내므로 내담자가 그림을 그리는 과정을 잘 관찰할 필요가 있으며, 그림 중에서 가장 나의 마음을 잘 표현한 것이 무엇인지? 등을 질문하고 이야기를 하게 한다.

② 이 기법은 심리치료 장면에서 가족(혹은 자신 및 친구)과의 관계가 중요한 주제가 되고 있는 시점에서 실시하는 것이 좋으며, 그에 따라 적절한 주제를 제시할 수 있다. '어머니' '아버지' '자신이 원하는 것' '나 하면 생각나는 것' '내가 좋아하는 것' 등 다양한 주제를 제시하여 자신, 가족, 친구에 대한 이미지를 깊게 다룰 수 있다.

③ 예를 들어, 가족관계를 알기 위한 방법으로 동적가족화(KFD)가 널리 사용되고 있다. 동적가족화는 자신이 주관적인 선택에 의하여 한 장면만을 그리는 것이며 때로 결정적인 장면을 나타내는 경우가 많아 유익하게 적용하고 있으나 가족관계의 어느 한 국면만 한정되어 표현되는 경우가 많다. 그러나 내담자의 가족에 대한 감정은 극히 복잡하여 한 장면으로 한정짓지 않는 편

이 좋다. 이런 경우 9분할 통합 회화법은 내담자가 가진 복잡한 이미지를 가능한 한 손상시키지 않고 용이하게 표현할 수 있게 한다.

④ 가족에 대한 이미지를 다룰 경우 다음 사례의 경우에서와 같이 가족의 부정적인 면을 나타낼 때 내담자들은 가족(아빠)에 대한 분노도 있지만 자칫 죄책감을 느낄 수 있다. 이럴 경우 아이들이 느끼는 양가감정에 대해 충분히 공감반응을 해 주고 아이들이 느끼는 감정을 충분히 다루어 줄 필요가 있다. 즉, 죄책감이나 분노표출을 위한 작업이 이루어져야 하며, 이 작업을 마친 후 가족(아빠)의 긍정적인 모습도 생각해 보게 하는 것이 필요하다.

⑤ 그러나 부정적인 감정 표현을 못하고 주저하는 경우 양가감정으로 혼란을 느낄 수 있으므로 활동 시 좋은 아빠의 모습과 부정적인 아빠의 모습을 분리시켜 작업을 시키는 것이 좋다. 예를 들면, "아빠에게는 긍정적인 점도 있고 부정적인 점도 있습니다. 오늘은 긍정적인 부분에 대해서는 잠깐 보류하고 아빠의 부정적인 면에 대해 이야기해 봅시다."라고 제시하며 작업을 진행시킨다.

사 례

[그림 5-6] 아버지: 지옥에 끌려간 사람
(초등학교 2학년 남아)

[그림 5-7] 내가 원하는 것: 나의 미래
(초등학교 6학년 남아)

[그림 5-6]은 가정폭력 가정의 피해자녀(초등학교 2학년 남아)가 그린 그림으로

아버지에 대한 분노와 적개심을 잘 나타내고 있다. 그린 순서는 오른쪽 아래부터 시작하여 반시계방향으로 그렸다. 가장 먼저 그린 것이 폭력이었고, 다음은 악마, 술, 담배, 욕, 지옥, 상처 난 검은 마음, 아빠가 폭력을 휘두를 때 사용하던 칼, 낚싯줄을 그렸으며, 마지막으로 악마에게 잡혀가는 아빠를 그렸다.

이 작업에서 아동은 아빠에 대한 죄책감은 보이지 않았고 "우리를 찾지 말라." 고 외치며 상당한 분노를 표출하였다.

[그림 5-7]의 사례는 동적가족화에서 제시된 시험불안 아동(초등학교 6학년 남아)이 그린 그림이다. 아동이 많이 위축되어 있고 평소 어머니로부터의 규제가 많아 상담과정에서 "현재 네가 하고 싶은 것을 표현해 보라." 고 하자 앞으로의 진로와 관련시켜 '자신이 되고 싶은 것' 을 표현하였다. 과학자, 교사, 농구선수, 경찰, 군인, 로봇 박사, 아이 아빠, 카레이서 등으로 표현하였다. 이 중 "가장 되고 싶은 것은 무엇이니?" 하고 묻자 '아이 아빠' 가 가장 되고 싶다고 하였다. 내담자가 초등학교 6학년 남학생이었으므로 아이 아빠가 가장 되고 싶다는 것은 의외의 반응이었으나 "아빠가 되어서 무엇을 하고 싶니?" 라는 질문에 자신은 "아이 아빠가 되면 자녀에게 과잉기대를 하지 않고 잘 키우고 싶다." 며 자신의 심리적 상태를 잘 반영하였다.

[9분할 통합 회화법]

6. 계란화

계란화(Egg Drawing)는 계란이라고 하는 물체이미지를 자극하고, 타원 테두리 내측에 초점을 두어 계란을 발견하고 파괴시켜 새롭게 탄생하는 과정을 그림의 공간에 표현하는 것이다.

1) 목표

치료자와 내담자의 관계 형성에 도움을 주고, 내담자의 심리적 욕구를 파악한다.

2) 준비물

A4 크기(내담자의 욕구에 따라 다양한 크기 사용)의 스케치북, 연필, 크레용 또는 색연필(24색 정도)

3) 방법

① 먼저 치료자가 그림 용지에 계란 모양의 큰 타원을 그린다.

② 내담자에게 "무엇으로 보이는가?" 라고 묻고, "계란" 이라고 대답하면 "맞아요." "그래요." 라고 한다. 만약 내담자가 타원을 계란으로 인지하지 못하면 "이것은 계란이에요." 라고 알려준다.

③ 치료자가 그린 타원을 '계란' 으로 인지하면 "이 계란에서 지금 뭔가 태어나려고 해요. 그러니까 당신이 이 계란에 금을 넣어 태어나는 것을 도와주지 않으시겠어요?" 라고 말한다.

④ 내담자가 계란에 금을 그리도록 한 다음 치료자가 "계란에서는 무엇이 태어날까요?" 라고 묻는다. 대개 "병아리(또는 뱀)" 라고 대답한다. 그러면 "그렇죠. 병아리나 뱀 따위가 알에서 태어나죠." 라고 주고받기를 한다.

⑤ "이 알은 그림 계란이므로 무엇이라도 태어날 수 있어요. 게다가 당신이 금을 넣이 주었기 때문에 당신의 계란이라고도 할 수 있습니다." 라고 이야기

하고 "당신이 계란으로부터 나오면 좋겠다고 생각하는 것을 계란껍질과 함께 그려 주세요." 하며, 다른 종이에 이것을 그리게 한다.

⑥ 마지막으로 채색의 희망 유무를 물어 색칠하기를 원하면 채색하여 완성하게 한다.

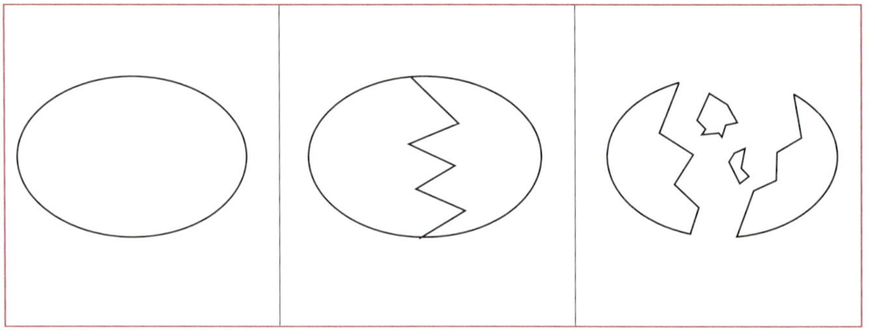

4) 상담과정으로의 적용

① 이 기법을 활용할 경우는 내담자로 하여금 반드시 계란의 금을 긋도록 한다. 계란의 금을 통하여 내담자의 심리적 에너지를 알 수 있다.

② 계란화에서 표현되는 것은 대개 일목요연한 것이 많으므로 해석의 필요는 거의 없다. 내담자가 표현을 했다면, "그런 것이 계란에서 태어났구나."라고 반응을 하고 내담자가 표현할 수 있었다는 것을 존중해 준다.

③ 계란에서 나오는 것이 구체적인 것이 아닐 때는 구체화시키는 것이 필요하다. 예를 들어, 도깨비 방망이가 나오는 경우가 있다. 그럴 때는 "도깨비 방망이를 두드렸을 때 무엇이 나왔으면 좋을까요?" 라고 질문하여 구체화시킨다.

사 례

계란화는 그림을 통하여 내담자의 욕구를 바로 파악할 수 있다. [그림 5-8]의 경우는 계란 속에서 로또복권이 당첨되어 32억이 나왔으면 하는 바람을 나타내었고, [그림 5-9]는 임신을 기다리고 있는 주부가 그린 그림으로 남자아이의 탄생을 희망하고 있다. 두 사례에서 계란의 깨어진 모습을 통하여 내담자의 심리적인 에너지 강도를 파악할 수 있다.

[그림 5-8] 계란화(성인여성)

[그림 5-9] 계란화(성인여성)

7. 석고계란화

석고계란화는 계란화를 응용하여 입체적으로 표현한 것으로 내담자의 심리적 역동을 보다 직접적으로 경험하게 한다.

1) 목표

내담자의 무의식적 소망을 파악한다.

2) 준비물

석고, 풍선, 칼, 고무그릇, 헤라, 글루건, 하드보드지, 점토, 수채화도구, 깔때기, 크레파스

3) 방법

① 풍선을 충분히 불어 팽창과 수축시키는 작업을 2, 3회 한다.

② 석고반죽은 묽게(물과 석고비율 5 : 2) 해서 준비한 깔때기에 풍선을 끼워 부을 수 있는 만큼 붓는다.

풍선 불기

석고 반죽하기

깔대기에 붓기

③ 풍선과 깔대기를 분리시키고(이때 풍선 속에 있는 석고액이 튀지 않도록 주의한다.) 적당한 크기로 만든다(타조 알 크기 이하).

④ 주입구를 묶고 조심스레 흔들거나 굴려 석고가 골고루 굳을 수 있도록 한다(소요시간 약 5분).

⑤ 딱딱하게 굳으면 칼을 이용하여 풍선을 제거한다.

⑥ 수정할 부분을 수정한다.

⑦ 완성된 석고계란이 충분히 마르도록 햇볕에 약 1~2시간 말린다.

⑧ 석고계란에 금을 그리게 한다.

⑨ 금을 그은 석고계란 속에서 태어날 것을 상상하여 자기가 원하는 매체로 그린다(혹은 석고계란에 자신이 가지고 있는 것 중에서 파괴시키고 싶거나 없어졌으면 좋겠다고 생각하는 것을 그릴 수도 있다.).

⑩ 그림을 그린 후 각자가 원하는 대로 석고계란을 깨뜨려본다.

석고계란 굳히기

풍선 제거하여 말리기

석고계란 금긋기

⑪ 석고 계란껍질들을 하드보드지에 배열하고 본드를 이용하여 고정시킨다.

⑫ 껍질을 배열한 후 계란에서 나온 형상물을 점토 등으로 만들어 원하는 위치에 배치한다.

석고계란에 그림 그리기

석고계란 깨기

하드보드지에 붙이기

8. 동굴화

동굴화는 내담자가 동굴 안에서 바깥세계를 바라보고 바깥 풍경을 그리게 하는 것으로 동굴이라고 하는 공간 이미지를 자극하며 타원 테두리 내 · 외측 양측에 초점을 두고 있다.

1) 목표

① 내담자와 비언어적 커뮤니케이션을 촉진한다.
② 내담자의 심리상태와 욕구를 파악한다.

2) 준비물

A4 용지(다양한 크기의 용지), 채색도구(크레파스, 색 사인펜, 색연필 등)

3) 방법

① 치료자가 타원(동굴화의 경우는 계란형이 아니라 타원형으로 한다.)을 그림 용지에 그린다. 계란 그림에 계속해서 실시할 경우는 "이것은 계란이 아니에요."라고 말해 준다.
② "이것은 동굴 입구인데 만일 당신이 동굴 안에 살고 있다면 이 바깥 세계는 어떤 세계가 보이면 좋을까요? 그려 보세요?"라고 말해 동굴 속에서 본 바깥 세계의 풍경을 그리게 한다.
③ 완성되면 채색 희망의 유무를 묻고 원하면 채색하게 한다. 만약 색칠하기를 원하지 않을 경우에는 동굴의 벽(타원 테두리 외측의 여백 공간)만 칠하게 하고 관여하지 않는다.
④ 마지막으로 계절이나 시간, 이 동굴에 실제로 살고 있는 것은 누구인가 등 치료자가 그 동굴화를 이해하는 데 필요한 질문을 한다.

4) 상담과정으로의 적용

① 내담자와의 관계를 형성하는 단계로 그림에서 표현된 사물에 대한 언어화를 촉진한다. 예를 들면, "만일 당신이 마법사라면 이 나무(산, 바다, 동물 등)는 당신에게 어떤 이야기를 해 줄까요? 등을 물어보기도 하고 어린 내담자에게는 "수리수리 마수리 마법사가 되어라."라고 하며 치료자가 내담자에게 마법을 거는 놀이를 도입하여 언어화를 촉진한다.

② 계란화와 동굴화는 따로 시행해도 되나, 계란화와 같이 시행할 경우는 계란화를 먼저 그리고 그 후 동굴화를 그리게 한다.

③ 타원 테두리의 크기는 너무 크지 않는 것이 바람직하다.

사 례

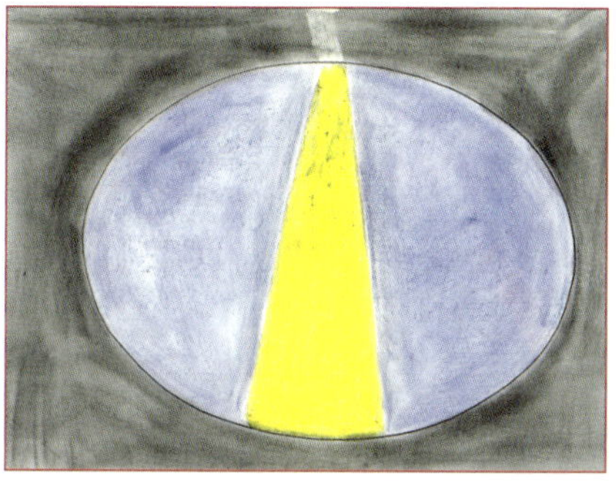

[그림 5-10] 동굴화(30대 성인여성)

[그림 5-11] 동굴화(신혼기 주부)

[그림 5-10]은 성인여자(30세)가 그린 그림으로 동굴 바깥에는 곧게 뻗어 있는 길이 놓여 있으며, 동굴 안의 내벽은 회색으로 칠해져 있다. 지금까지 열심히 살아왔으나 막상 자신이 무엇을 해야 할지 막막하고 암담한 자신의 심경을 나타내었으며, 앞으로 자신이 나아가야 할 희망차고 곧은길이 나왔으면 하는 바람을 표현하였다.

[그림 5-11]은 신혼기에 있는 주부가 그린 그림으로 동굴 바깥 장면에 두 채의 집이 있다. 두 집으로 사랑이 전해지고 있으며 동굴내벽도 핑크색의 따뜻한 색으로 표현하였다. 동굴내벽은 내담자의 심리상태와 밀접하게 관련되어 있는데 현재의 내담자의 심리상태는 만족스러운 것으로 보인다. 동굴바깥의 두 집은 자신의 집과 시댁인데 지금처럼 항상 친밀하고 사랑이 넘치는 관계가 유지되었으면 좋겠다고 하였다.

제6장
희망 찾기

1. 웅덩이

1) 목표

내담자가 절망감을 느낄 때 자신을 도와줄 사람이 있음을 알게 하여 희망을 가지게 한다.

2) 준비물

8절지 도화지 1장(다양한 크기의 종이), 크레파스(색연필)

3) 방법

① 종이에 'U' 자 모양의 웅덩이를 그리게 한다([웅덩이] 양식지 참고).
② 웅덩이 안에 있는 자신의 모습을 그리게 한다.
③ 웅덩이 위쪽에는 내담자가 웅덩이 밖으로 나오는 데 도움을 줄 수 있는 사람을 모두 그리게 한다.
④ 내담자가 밖으로 나오기 위해 무엇을 할 수 있는지를 그림으로 그리도록 한다.

⑤ 웅덩이 위에 있는 사람이 도와줄 수 있는 방법을 그림으로 그리도록 한다.
⑥ 그림을 가지고 내담자와 치료자가 이야기를 나눈다.

4) 상담과정으로의 적용

① 12세 이상의 내담자에게 적용할 수 있다.
② 내담자가 웅덩이 안에 빠졌을 때의 느낌에 완전히 몰입할 수 있도록 눈을 감고 천천히 그 상황 속으로 들어갈 수 있도록 치료자가 도움을 주어야 한다.
③ 내담자가 어떻게 웅덩이에서 빠져 나왔는지, 웅덩이에 다시 빠지지 않도록 하기 위해 내담자가 할 수 있는 것은 무엇인지에 대해 이야기를 나눌 수 있다.
④ 내담자에게 제공된 도움을 최대한 활용할 수 있는 방법에 대해 이야기를 나눌 수 있다.
⑤ 도움을 주는 사람이 아무리 많아도 내담자 자신이 아무런 행동을 하지 않는다면 결코 웅덩이에서 빠져나올 수 있는 방법이 없다는 것을 내담자가 알 수 있도록 해야 한다.
⑥ 실제 내담자 삶 속에 있었던, 이와 비슷한 경험에 대해 이야기를 나눈다.

이렇게도 해 보세요.

① 웅덩이가 아닌 다른 장소(동굴 속에 갇혔을 때, 바다에 빠졌을 때, 어떤 방에 갇혔을 때 등)를 활용할 수 있다.
② 다음에 제시되는 포르티아 넬슨의 '다싯 마당 자서전' 이라는 시를 읽어 주고 그 느낌을 그림으로 표현하게 할 수도 있다.

1. 길을 걷는다.
보도에 깊은 구멍 하나.
구멍에 빠진다.

3. 같은 길을 걷는다.
보도에 깊은 구멍 하나.
구멍을 본다.

끝장이다. 희망이라곤 없다.
내 탓은 아니야.
구멍에서 다시 나올 때까지,
시간이 한없이 걸린다.

2. 같은 길을 걷는다.
보도에 깊은 구멍하나.
구멍을 못 본 체 한다.
또 구멍에 빠진다.
믿기지가 않는다. 같은데 또 빠지다니,
하지만 내 탓은 아니다.
다시 나올 때까지 여전히 한참 걸린다.

여전히 구멍에 빠진다.
습관적으로…
두 눈을 크게 뜨고 본다.
나는 안다. 내가 어디에 있는지.
전적으로 내 잘못이다.
당장 구멍에서 나온다.

4. 같은 길을 걷는다.
보도에 깊은 구멍 하나.
구멍을 피해 돌아간다.

5. 다른 길로 간다.

사례

[그림 6-1] 웅덩이(여대생)

[그림 6-1]은 여대생이 그린 그림이다. 내담자는 웅덩이 속에 있는 자신의 모습을 7가지의 색깔 동그라미로 표현하였다. 이 동그라미는 구덩이 속으로 갈수록 어둡고 칙칙한 색깔로 변해가고 있으며, 웅덩이의 입구에 가까워질수록 밝은 빛을 보이고 있다. 이로 미루어보아 내담자는 웅덩이 밖을 나가고자 하는 마음이 있으며, 열심히 노력하는 모습을 엿볼 수 있었다.

웅덩이 밖에서 내담자를 도와줄 사람으로는 아빠, 엄마, 동생으로 내담자의 가족을 밝은 빛을 띤 노란색 별로 표현하고 별에 테두리를 다시 그렸는데, 엄마와 동생은 같은 색으로 아빠는 다른 색으로 표현하였다. 상담자가 "각 별의 테두리 색이 다르군요?"라고 이야기하자 내담자는 엄마와 동생은 사이가 좋은데, 아빠와는 서로 화합이 잘 되지 않고 갈등이 많기 때문에 이렇게 표현했다고 했다. 내담자는 가족 모두를 똑같이 사랑하지만 서로를 사랑하는 정도는 다르다고 이야기하였다. 그래서 치료자는 아마 대부분의 사람들도 내담자와 같은 생각을 할 것이라고 일반화시켜 줌으로써 내담자의 생각도 옳음을 지지해 주었다.

가족들이 웅덩이 밖에서 어떻게 내담자를 도와줄 것인지 물어보자 가족들은 서로 하나된 마음으로 나를 도와줄 수 있을 것 같다고 하면서, 합심이라는 글자를 도화지 아래쪽에 적고, 가족들이 내담자의 상황을 잘 알고 이해하고 사랑으로 도와줄 것이라고 했다. 그러나 여전히 세 개의 별 중에서 하나의 별은 다른 색깔로 칠해진 것으로 보아, 내담자는 가족이 모두 하나 된 마음이 되었으면 하는 소망을 표현한 것 같다.

웅덩이 안에서 나오기 위해 내담자가 할 수 있는 것은 어떤 것이 있는지 물어보자 내담자는 자신의 의지와 노력이 필요하다고 했다. 물론 주위의 도움이 필요하겠지만 내담자가 지금 나가고자 하는 노력이 없다면 불가능할 것 같다고 하였다.

웅덩이 속에 있는 내담자의 모습은 지금-현재 내담자의 상황을 잘 말해 주는 것이다. 웅덩이 속이라 하면 뭔지 모를 답답함과 기분 나쁨, 두려움 등의 느낌이 들 것이다. 지금 내담자는 4학년으로 대학을 졸업한 후에 무엇을 할 것인지? 뭔가 하기는 해야 하는데, 무엇을 해야 할지도 모르겠고, 어떻게 해야 할지도 모르겠고, 도무지 빛이 보이지 않는 곳에서 혼자 이리저리 방황하고 있는 기분이라고 했다.

이 활동을 통해 내담자는 혼자만 걱정 속에서 살았구나 하는 생각이 들고, 그동안 가족들에게 자신의 심정을 털어놓지 않았던 것을 깨닫게 되었다고 했다. 매일매일 보는 가족이기 때문에 가족들의 중요성을 깨닫지 못한 것 같다고 하면서, 지금 이 순간 내담자에게 가장 필요한 것은 가족의 손길임을 알 수 있었다고 했다. 그리고 가족의 소중함을 깨닫게 된 시간이었다고 했다.

[웅덩이]

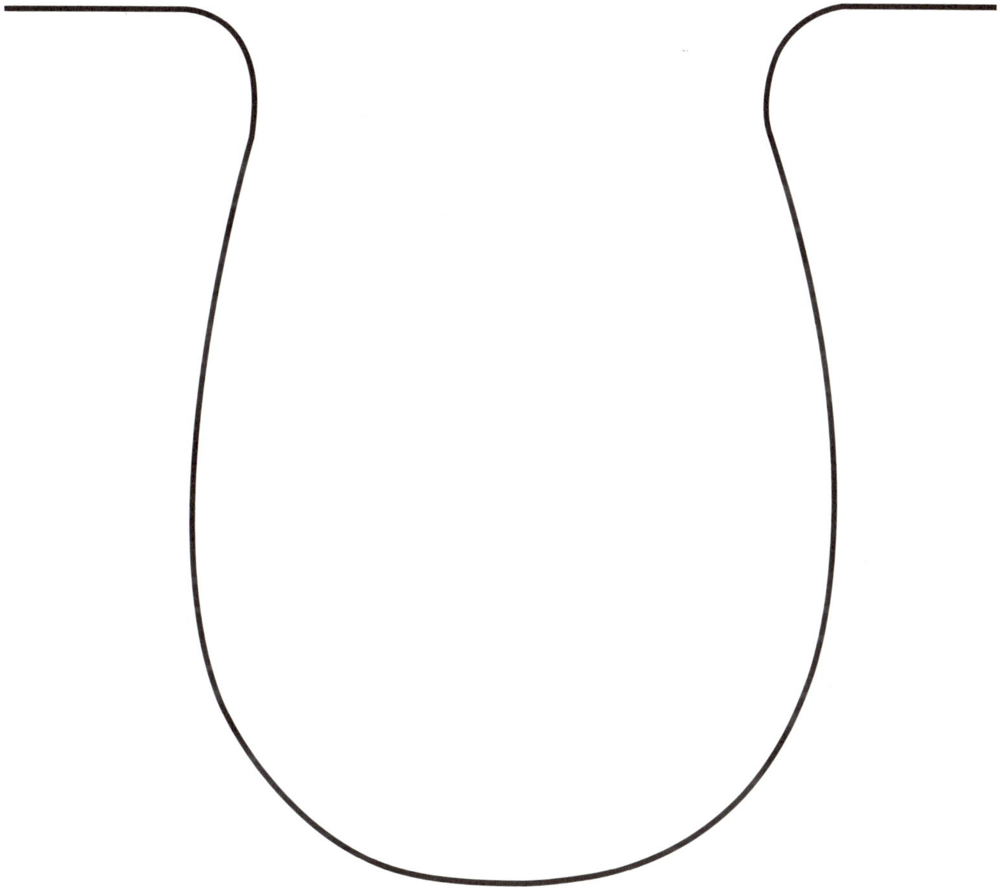

2. 나의 미래 모습

1) 목표

미래의 모습을 표현하도록 하여 자신의 미래상을 확립하게 한다.

2) 준비물

8절지 흰 종이 1장(다양한 크기의 종이), 잡지, 크레파스, 가위, 풀

3) 방법

① 미래의 모습에 대해 생각하게 한다.
② 자신의 미래 모습과 비슷한 모습을 잡지에서 찾아 오려서 종이에 붙인다.
③ 선택한 그림을 가지고 내담자와 치료자가 서로 이야기를 나눈다.

4) 상담과정으로의 적용

① 11세 이상의 내담자에게 적용할 수 있다.
② 그림을 보면서 그 순간에 나를 슬프게 하는 것, 현재와 다르게 변화된 것, 나를 행복하게 하는 것 등에는 어떤 것이 있는지에 관해 서로 이야기를 나눈다.
③ 내담자가 어떠한 미래의 모습을 표현하더라도, 상담자는 그것을 수용해 주는 것이 필요하다. 왜냐하면 우리의 꿈은 클수록 좋은 것이기 때문이다. 만약 내담자가 하늘의 별을 따는 것이 목표라고 하더라도 그 목표를 존중해 주는 것이 좋다.
④ 간혹 미래의 모습이 자꾸 바뀐다고 고민하는 내담자가 있다. 이때에는 그렇게 변화되는 것이 당연한 것임을 내담자에게 알려주는 것이 필요하다. 세상에 있는 모든 것들이 항상 변화하듯이, 우리도 자라면서, 생각이 바뀔 수 있

기 때문이다.

⑤ '나의 미래 모습' 에서 일정한 시점을 정해 주지 않은 이유는 내담자가 선택하는 미래의 시점 또한 내담자에게 중요한 의미를 가지고 있기 때문이다. 그러나 내담자가 원한다면, 정확한 미래의 시간을 제시해 줄 수도 있다. 예를 들면, "앞으로 5년 후 나는 어떤 모습일까?" 에 대해 생각해서 표현하도록 할 수 있다.

이렇게도 해 보세요.

① 아동을 대상으로 할 경우에는 아동과 부모가 각각 아동의 미래에 관한 활동을 할 수 있다. 그렇게 함으로써 아동의 시각과 부모의 시각 사이의 차이를 알 수 있으며 그러한 차이를 상담을 통해 좁혀갈 수 있다.

② 주제를 '장래 희망' 으로 하여 장래에 하고 싶은 일, 해야 할 일 등을 표현하게 한 후, 그것을 위해 내담자가 지금 힘써야 할 것들에는 무엇이 있는지 생각해 보게 할 수도 있다.

사 례

[그림 6-2] 나의 미래 모습(여대생)

[그림 6-2]는 여대생이 표현한 미래의 모습이다. '미래의 모습' 을 표현하라고 하자, 내담자는 10년 후의 자신의 모습을 표현하였는데, '나는 이런 사람이 되고

싶다.' 라는 생각을 하는 순간에 어머니의 모습이 떠올랐다고 했다. 어렸을 적 놀다가 넘어져 여러 번 울면서 피가 난다고 엄마한테 매달려 울었던 그때, 따뜻한 손으로 넘어진 상처 부위를 어루만져주시고 "엄마 손은 약손이다."라고 말씀하시던 엄마의 모습이 생각났다고 했다. 10년 후가 되면 편안한 새로운 안식처를 찾아 또 다른 어머니의 모습으로 살아갈 것 같다고 하였다.

내담자는 "10년이 지난 후에는 비전을 가지고 있으며, 독립된 하나의 개체로서의 모습을 지니며, 한 가지에 안주해서 살지는 않을 것이다."라고 표현했다. 누군가를 위해서, 즉 나를 위해서, 모두를 위해서 도움을 줄 수 있는 사람이 되어 있을 것 같다고 했다. 어머니가 되어 있을 수도 있고, 학생들을 가르치는 교사가 되어 있을 수도 있고, 어려운 사람들을 위해 봉사활동을 하는 등 가치 있는 일을 하는 사람이 되어 있을 수도 있을 것이라고 했다. 이를 위해 지금 현재는 끊임없이 노력하며, 가능한 보람되고 행복한 삶을 살 것이라고 했다.

내담자는 본 활동을 하면서, 결혼, 직업, 자녀 등 여러 가지를 생각해 볼 수 있는 계기를 가질 수 있었으며, 꿈을 가지고 노력해야 아름다운 어머니의 모습이 될 것이라는 생각도 함께 했다고 했다. 자기의 미래는 누군가가 만들어 주는 것이 아니라 자기가 스스로 만들어 가는 것임을 이 활동을 통해 알 수 있는 좋은 시간이 되었다고 했다.

치료자는 지금의 어머니도 10년, 20년 전에는 자기의 이상과 꿈을 가지고 많은 노력을 하셨을 것으로 생각한다는 말을 했다. 우리는 "이 세상의 모든 어머니는 정말 위대하시고, 아름다운 분"이라는 이야기를 함께 나누면서 상담을 마쳤다.

3. 미래를 향한 첫걸음

1) 목표

미래의 목표를 명확하게 하고, 그것을 향해 한 걸음, 한 걸음 나아갈 수 있도록 도와준다.

2) 준비물

8절지 흰 종이 1장, 색연필(크레파스)

3) 방법

① 미래에 가장 바라는 것이 무엇인지에 대해 생각하게 한다.
② [미래를 향한 첫걸음] 양식지를 활용하여 제일 위에 미래의 목표를 그림이나 글로 표현하게 한다.
③ 목표를 실현하기 위해 지금 할 수 있는 것을 제일 아래 칸에, 그 다음 단계에서 할 수 있는 것을 그 다음 칸에, 그 다음 단계에 할 수 있는 것을 그 다음 칸에 그림으로 그리거나 글로 쓰게 한다.
④ 내담자가 그린 그림이나 글에 대해 서로 이야기를 나눈다.

4) 상담과정으로의 적용

① 11세 이상의 내담자에게 적용할 수 있다.
② 미래에 가장 바라는 것이 무엇인지에 대해 생각하게 할 때, 가장 바라는 것, 한 가지만을 선택하도록 하는 것에 유의해야 한다. 왜냐하면 하나에만 초점을 맞출 때만이 구체적인 계획을 세울 수가 있기 때문이다.
③ 치료자는 내담자가 구체적이고 실현가능한 목표를 세울 수 있도록 도움을 주어야 한다.
④ 상담과정에서 치료자는 내담자가 설정한 계획에 따라 목표가 잘 달성되고 있는지 목표달성 상황을 항상 재검토해야 한다.
⑤ '나의 미래 모습' 활동을 마친 후 '미래로의 첫걸음' 활동을 하면 더욱 효과적이다.
⑥ 목표달성 정도는 다섯 개의 계단으로 표현하도록 되어 있는데, 경우에 따라서는 단계를 더 넣을 수도 있다.

⑦ 내담자가 너무 작은 목표 혹은 너무나 의외의 목표를 세울지라도 내담자에게 있어서 이 목표는 너무나 중요한 것이며, 이러한 활동을 통해 내담자가 더 많은 꿈을 꿀 수도 있으므로 치료자는 이러한 내담자의 목표를 소중히 다루고 존중하는 마음을 가지는 것이 필요하다.

⑧ 내담자에게 목표 수행은 힘든 일이라고 인식시켜 주는 것이 필요하다. 어렵고 힘든 목표를 이루었을 때 성취감이 두 배로 증진될 것이며, 혹 목표를 달성하지 못했다고 하더라도 수치심이 덜 할 것이기 때문이다.

이렇게도 해 보세요.

① 종이를 4등분하여 첫 칸 위에는 미래의 목표 그리고 그 다음 세 칸에는 한 걸음, 두 걸음, 세 걸음이라고 쓰게 한 후 각 칸을 글이나 그림으로 완성하게 할 수도 있다(사례 참조).

② 돌로 만든 징검다리를 그린 후 제일 마지막 돌에는 최종목표를 글이나 그림으로 표현하게 한다. 즉, '나의 목표' 를 적게 한 후 징검다리 하나하나에 이러한 목표를 성취하기 위해 지금 할 수 있는 것들을 그림이나 글로 표현하게 한다.

③ 보다 어린 아동을 위하여 주제를 '나의 소망은 이런 거지요' 를 제시하여, 아동이 자신의 삶에 관하여 환상을 가지게 하고, 현재, 가까운 미래에 그리고 먼 장래에 아동이 하고 싶은 것에 관하여 생각해 보게 할 수 있다.

④ 계단을 그리게 하고, 한 계단씩 자신이 할 수 있는 계획을 적게 한다. 그리고 고지에 자신이 두고 싶은 것을 두도록 할 수도 있다. 예를 들면, 첫 번째 계단에는 공부, 두 번째 계단에는 자격증 시험, 세 번째 계단에는 취업, 마지막에는 안정된 직장을 그릴 수 있다.

사례

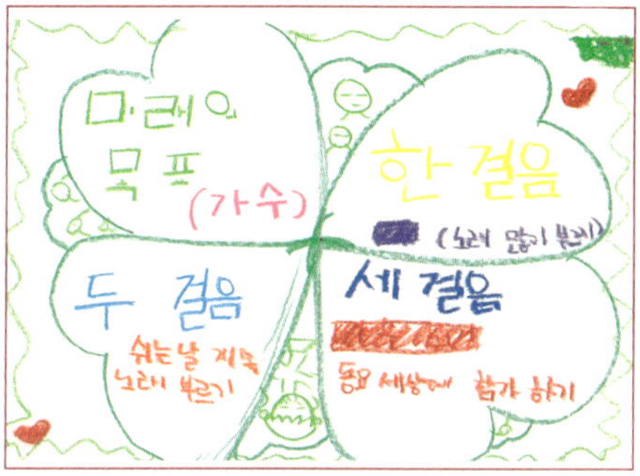

[그림 6-3] 미래를 향한 첫걸음(아동)

[그림 6-4] 미래를 향한 첫걸음(대학생)

[그림 6-3]은 초등학교 6학년(13세) 여학생이 그린 그림이다. 미래의 목표는 가수가 되는 것이다. 가수가 되기 위해 한 걸음에서는 노래를 많이 부르고, 두 걸음에서는 쉬는 날도 계속 노래 부르고, 세 걸음에서는 동요 세상에 참여하여 가수가 되겠다고 하였다. 그 후 내담자는 각 칸에 하트모양을 그려 네잎클로버를 만들면서 "만약 아빠가 허락하지 않아도 난 좋아요."라고 이야기했다. 이러한 말과 그림을 그리는 행위로 미루어 보아 내담자가 얼마나 좋아하고, 이루고 싶어 하는 것인지를 알 수 있었다. 그리고 만약 아빠가 반대하더라도 꼭 하고야 말겠다는 내담자의 신념이 엿보였다. 내담자가 반드시 성취할 수 있을 것이라는 희망을 주면서 회기를 마무리하였다.

[그림 6-4]는 여대생이 표현한 '미래를 향한 첫걸음'에 대한 사례다. 미래의 목표는 '행복한 가정 이루기'다. 이러한 목표를 이루기 위해서 한 걸음에서는 지금, 현재 해야 할 일들을 표현하였는데, 현재 학생이므로 열심히 공부하고, 긴강

을 위해 열심히 운동하고, 취업을 위한 준비를 하는 것이라고 했다. 두 걸음에서는 내담자가 진실로 사랑하며 그리고 내담자를 많이 사랑해 주는 성실하고 믿음직한 사람과 결혼하는 것이라고 했다. 세 걸음에서는 아기도 낳고 남편에게 아내역할, 아기에게 부모역할을 충실히 하는 것이라고 했다.

내담자는 자신의 미래 목표와 이것을 이루기 위한 계획을 세우면서 아주 행복해했다. 그리고 남들이 생각하기에는 너무나도 평범한 목표처럼 보이겠지만, 내담자에게는 아주 특별하고 소중한 목표라고 하였다. 치료자도 평범하게 사는 것이 얼마나 어려운 것인지, 그리고 요즘은 많은 사람들이 맞벌이를 하다 보니 부모역할과 아내역할을 잘하지 못하는 경우가 많다고 하면서, 치료자의 꿈도 내담자와 같다고 하면서 내담자의 마음에 함께 공감을 해 주었다.

[미래를 향한 첫걸음]

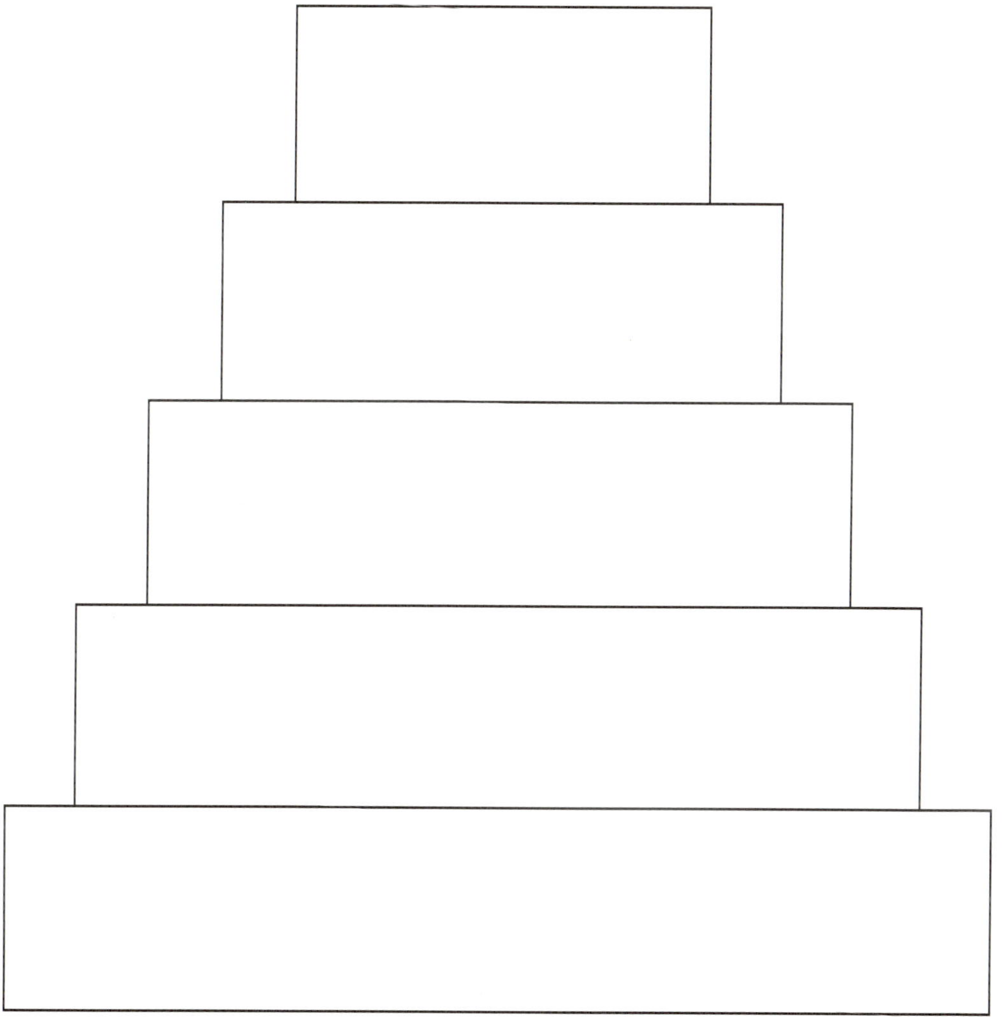

4. 벽

1) 목표

대인관계에서 겪는 갈등을 해결할 수 있도록 돕는다.

2) 준비물

8절지 도화지 1장(다양한 크기의 종이), 크레파스

3) 방법

① 대인관계에서 갈등관계에 있는 한 사람을 떠올리게 한다.

② [벽] 양식지를 활용하여 갈등관계에 있는 사람을 종이의 왼쪽 끝에 그리고 자신을 오른쪽 끝에 그려서 서로 마주 볼 수 있도록 한다(예: [그림 6-5] 참조).

③ 내담자와 갈등 관계에 있는 사람, 이둘 사이에 어떤 어려움이 있는지에 대해 이야기하게 한다.

④ 두 사람 사이의 어려움을 벽돌로 표현한다. 이때 하나의 어려움은 하나의 벽돌로 나타내며, 어려움을 느끼는 정도에 따라 벽돌을 두 사람 사이에 크게 그리거나 적게 그리도록 한다. 하나의 어려움이 존재한다면 벽돌 대신에 하나의 큰 벽을 만들게 한다(예: [그림 6-6] 참조).

⑤ 그림에 관해 내담자와 치료자가 서로 이야기를 한다.

4) 상담과정으로의 적용

① 8세 이상의 내담자에게 적용할 수 있다.

② 치료자는 양 끝 사이의 거리는 두 사람이 가지고 있는 정서적 어려움을 나타내는 것이라고 내담자에게 설명한다.

③ 내담자와 갈등 관계에 있는 사람에 대한 이야기를 나눌 때, 치료자는 서두르지 말고 내담자가 편안하게 이야기할 수 있도록 기다려주고 격려하는 것

이 필요하다.

④ 벽돌이 두 사람 사이의 관계를 어떻게 더 악화시키고 있는지 이야기한다.

⑤ 각각의 벽돌을 제거하는 방법에 대해 이야기를 나눈다.

⑥ 두 사람 사이의 벽돌을 제거하게 한다.

⑦ 종이를 접어 벽이 보이지 않게 하면 자동으로 두 사람은 가까워진다(예: [그림 6-7] 참조).

⑧ 본 기법은 내담자의 내면 깊은 부분을 자극하는 것이므로, 내담자와 충분한 신뢰감이 형성된 이후, 상담회기의 중반기 이후에 활용하는 것이 좋다.

⑨ 내담자와 갈등 관계에 있는 사람 사이에 공통된 점이 있는지도 찾아보는 것이 좋다.

이렇게도 해 보세요.

① 장난감 벽돌이나 점토(인형)를 사용하여 같은 방법으로 내담자와 이야기할 수도 있다.

② 벽돌 대신에 색종이를 활용할 수도 있다.

③ '갈등 관계'에 있는 사람을 그려보라고 할 수도 있다.

④ 이 활동을 하기 전에 '좋아하는 사람'을 그려보라고 할 수도 있다.

사례

[그림 6-5]는 여대생이 그린 그림이다. 내담자와 갈등관계에 있는 사람으로 대학원 선배를 그렸다. 선배와 알고 지낸 지는 약 4년 되었으며 선배는 내담자를 후배로서 잘 챙겨주고 편안하게 대해 주려고 하지만 내담자는 계속 불편함을 느끼는 상태에 있다.

내담자는 선배가 남에게는 개방적이길 바라면서 자기 스스로는 보수적이고 고지식한 면이 많은 것, 내담자의 상황은 고려하지 않고 선배의 기분에 맞춰 술을 많이 권하는 것, 선배의 일방적인 생각으로 내담자를 판단해 버리는 것을 어려움으로 표현했다.

각각의 벽돌을 제거하는 방법으로 내담자는 선배와의 관계에서의 어려움을 속으로만 간직하고 있기보다는 겉으로 표현해서 선배와 솔직하게 대화를 나누고 술을 마실 기분이 아니면 "아니다."라고 솔직하게 거절하는 연습을 하고 싶다고 했다. 그래서 치료자는 '빈의자 기법'을 활용하여 선배에게 지금까지 하고 싶었지만 하지 못했던 이야기를 마음껏 표현하도록 했다. 이러한 표현을 한 후 치료자가 선배의 역할을 대신하여 내담자에게 많은 것을 요구하고 내담자는 이러한 치료자(선배)의 요구를 거절하는 연습을 하였다. 이러한 활동을 마친 후 내담자의 표정은 밝아졌으며, 선배와의 관계는 다시 좋아졌다. 마지막으로 치료자가 내담자의 그림을 접어서 보여 주면서 이제 두 사람 사이를 가로막고 있던 벽이 사라졌다고 하자 내담자도 신기해하면서 환한 미소를 지었다.

[그림 6-5] 벽(여대생)

[그림 6-6] 벽(여대생)

[그림 6-7] 벽(여대생)

[벽]

5. 꿈나무

1) 목표

① 자존감을 향상시킨다.

② 미래의 방향을 설정한다.

2) 준비물

2절(다양한 크기의 용지), 색종이, 다양한 색깔의 한지, 가위, 풀, 크레파스

3) 방법

① 자신의 장점과 자신의 진로와 희망을 생각해 보게 한다.

② 종이에 자신의 나무를 그리게 하여 줄기를 꾸미게 한다.

③ 잎에는 자신의 장점을, 꽃이나 열매에는 자신의 희망과 꿈을 적어 붙이도록 한다.

④ 작업을 한 후 질문과 이야기를 통하여 자신의 희망과 꿈을 구체화시킬 수 있도록 한다.

4) 상담과정으로의 적용

① 자신의 장점을 많이 찾을 수 있도록 하며 치료자가 보는 내담자의 장점을 적어서 내담자의 나무에 붙이며 같이 작업하는 방법도 효과적이다.

② 자신의 흥미, 능력, 관심 분야 등을 고려하여 희망과 꿈을 구체화시킨다.

③ 구체화된 꿈을 실현시키기 위해 자신이 할 수 있는 행동방향에 대해 이야기하고 실천할 수 있도록 한다.

이렇게도 해 보세요.

집단 활동시간에는 자신의 나무를 꾸미고 난 후 다른 집단원의 장점을 찾아서

집단원의 나무에 붙여 주면서 상호작용하도록 한다.

사례

[그림 6-8] 꿈나무(성인여성)

[그림 6-9] 꿈나무(대학생)

[그림 6-8]은 여성장애인들의 집단상담에서 실시한 것으로 자신들의 장점으로 부지런하다, 인내심이 많고 성실하다, 정신과 마음이 건강하다, 사랑하는 마음이 많다, 배움의 의지가 강하다, 표정이 밝다는 것을 꼽았다. 앞으로의 희망으로는 부자가 되어 여성장애인센터를 운영하고 싶다, 강한 사람이 되자, 행복한 가정 꾸미기, 훌륭한 상담자를 들었다. 이 작업을 하면서 모두들 아주 행복해했으며 앞으로 우리의 꿈과 희망을 실현시키기 위해 노력하자며 다시 한 번 다짐을 하였다.

[그림 6-9]는 대학생들이 한 작품으로 아주 흥미롭게 표현하였다. 자신들은 무한한 가능성은 있지만 자신들이 미래를 향하여 준비하고 있는 상태라 자신들의 꿈과 희망, 장점들을 뿌리에다 표현하였다. 열심히 노력하여 자신의 빛을 발할 수 있을 것이라 확신하면서 작업을 마쳤다.

6. 선물 만들기

이 기법은 회기의 종결 과정에서 사용하기에 적절한 기법이다. 내담자와 회기를 마치면서 내담자에게 줄 수 있는 선물을 만듦으로써, 용기를 주고 내담자의 욕구를 재확인할 수 있다.

1) 목표

자신에게 용기를 주고 욕구를 재확인하도록 한다.

2) 준비물

다양한 크기의 종이, 크레파스, 다양한 오브제

3) 방법

① 내담자로 하여금 지금까지 회기를 진행하면서 자신이 어떤 모습으로 지내왔는지를 생각해 보도록 한다.
② 자신에게 무엇이 필요한지를 생각하게 한다. 특히 물질적인 것이 아니라 자신의 성격이나, 마음이 필요로 하는 것이 무엇인가를 생각해 보면 좋을 것 같다고 언급한다.
* 지시문: "자기 자신에게 필요한 것이 무엇인지 생각해 보고, 그것을 만들어 보세요. 그림으로 그려도 좋고, 점토로 만들어도 좋고, 원하는 대로 만들어 볼 수 있습니다."
③ 내담자가 작업을 완성할 수 있도록 적절한 시간을 준다.
④ 작품을 완성하였으면 작품에 대해 이야기를 나누도록 한다.

4) 상담과정으로의 적용

이 기법은 내담자로 하여금 자신의 욕구를 재확인하고 자신에게 주고 싶은 선물을 표현하게 함으로써 내담자에게 용기와 변화의 기회를 제공할 수 있다.

이렇게도 해 보세요.

부모와 자녀가 함께 상담에 참여했다면 서로에게 주고 싶은 선물을 표현할 수도 있고, 종결과정에서 내담자와 치료자가 서로의 마음을 주고받을 선물을 만들어 표현할 수도 있다.

사 례

[그림 6-10] 자신에게 주고 싶은 선물
(초등 3학년 남아)

[그림 6-11] 자신에게 주고 싶은 선물
(초등 3학년 여아)

[그림 6-10]과 [그림 6-11]은 초등학교 3학년 남아와 여아의 작품이다. 자신에게 주고 싶은 선물을 만들어 보라는 지시에 두 아동 모두 두려움을 없애고 자신감을 가지고 싶다며 자신의 내면 속에 가장 필요한 것을 표현하였다.

제7장
새로운 나로 태어나기

1. 콜라주: 버리고 싶은 것, 가지고 싶은 것

1) 목표

내담자의 욕구를 파악하고, 자신의 모습에서 부정적인 것과 소망하고 있는 것을 알도록 한다.

2) 준비물

잡지책, 도화지, 크레파스, 다양한 재활용품

3) 방법

① 이 기법은 내담자가 현재의 자기 모습과 자신이 원하는 이상적인 자기 모습 사이에서 힘들어 할 때 또는 자신의 욕구를 명확히 하고자 하는 경우 사용할 수 있는 기법이다.

② 내담자에게 자신을 탐색할 수 있는 시간을 주고 다음의 지시사항을 언급한다.

*지시문: "생활하면서, 자신이 대견하고 마음에 들 때도 있지만, 때론 자신이 마음에 들지 않아 힘이 들 때도 있습니다. 자신을 힘들게 하는 것과 자신을 대견스럽게 여기도록 해 주는

것들에 대해 생각해 보세요. 자, 이제 자신의 모습 중에서 버리고 싶은 것과 가지고 싶은 것을 그림으로 그리거나 잡지책을 이용해서 붙여 보세요.

③ 완성한 작품을 보면서 자신의 모습 중에서 버리고 싶은 것과 가지고 싶은 것에 대해 이야기를 나눈다.

4) 상담과정으로의 적용

버리고 싶은 것과 가지고 싶은 것의 작업은 내담자의 욕구를 분명하게 파악할 수 있다. 따라서 미술치료과정에게 내담자와 깊이 있는 부분에 대한 상담을 나눌 수 있다.

이렇게도 해 보세요.

내담자가 그림을 그릴 때, 치료자 자신도 함께 그림을 그리면서 내담자와 서로 친밀해지는 것도 좋은 방법이다.

사 례

[그림 7-1]은 여대생의 작품으로 생활에 대한 우울한 감정과 조용하고 한적한 곳에서 살고 싶어 하는 바람을 표현한 것이다. 가지고 싶은 것은 적극적인 것, 긍정적 사고, 해맑은 미소이고 버리고 싶은 것은 우울한 것과 염세적인 사고라고 표현하였다.

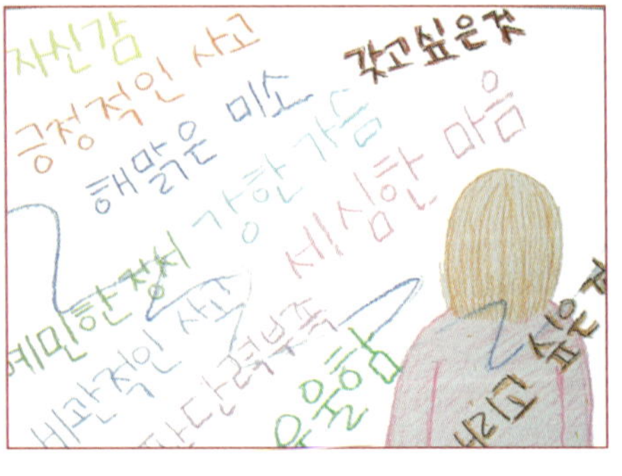

[그림 7-1] 버리고 싶은 것과 가지고 싶은 것(여대생)

2. 새로운 나로 태어나기

1) 목표

① 안전감과 편안함을 느끼게 한다.

② 자기(Self)와의 접촉을 통해 심리적 재탄생을 경험하며 인격의 재통합을 이루도록 돕는다.

2) 준비물

흰색 도화지 1장, 크레파스, 다양한 색깔의 천, 보자기

3) 실시방법

① 준비 과정

• 몸 풀기

오른손, 왼손, 오른발, 왼발, 온몸 순으로 처음에는 각각 6회씩 몸 풀기를 하고, 이후에는 5회, 4회, 3회, 2회, 1회 순으로 횟수를 줄이면서 몸 풀기를 한다.

• 최면 걸기

2인 1조로 팀을 이룬다. 각각 최면을 거는 사람과 최면에 걸리는 사람의 역할을 맡는다. 최면을 거는 사람은 상대방의 얼굴에서 약간 떨어진 곳에 두 손을 대고 천천히 움직이며, 최면에 걸린 사람은 최면사의 움직임을 따라서 움직인다. 활동을 마친 후 역할을 바꾸어서 한다.

• 모션 연결

4인이 한 팀을 이룬다. 이 중 첫 번째 사람이 동작을 만든 후 정지 상태를 유지하고 있으면, 이어서 두 번째 사람이 동작을 만든 후 정지 상태를 유지

하고, 이어서 세 번째 사람이 동작을 만든 후 정지 상태를 유지하고, 또 이어서 네 번째 사람이 동작을 만든 후 정지 상태를 유지하고 있으면, 다음에는 첫 번째 사람이 다시 새로운 동작을 만든 후 정지 상태를 유지하고 나머지 사람들도 같은 방법으로 반복한다.

• 자기소개

행위와 말을 함께 하면서 자기소개를 한다. 먼저 집단원이 모두 둥글게 원을 만든다. 한 명이 "제 이름은 ○○입니다."라고 행위와 말로 자기소개를 하면, 다른 집단원은 모두 함께 ○○이 한 행위를 똑같이 따라하면서 "안녕 ○○!"이라고 한다.

• 안전함과 편안함을 제공하기

- 한가운데 여러 가지 색의 천을 두고 집단원들이 그 주위에 둥글게 선다.
- 지도자는 집단원에게 "안전함과 편안함을 제공해 주는 천을 한 가지 선택하십시오."라고 지시한다.
- 선택한 천이 자신의 몸 어디에 두르면, 편안함과 안전감을 더 느낄 수 있는지를 결정하여 몸에 걸치거나 두르도록 한다.
- 각자가 두른 천이 무엇을 의미하는지 설명하도록 한다.

② 상상여행

집단원에게 가장 편안한 자세를 취하게 하고, 눈을 감은 상태에서 상상여행으로 인도한다.

"지금부터 여러분은 싱상여행을 떠날 것입니다. 여러분 앞에 문이 있습니다. 이 문을 열고 들어서면 아주 어린 시절 여러분이 들판에서 놀고 있는 모습을 볼 수 있을 것입니다(잠시 멈춤). 이곳에 있는 따뜻한 햇살이 여러분을 감싸고 있습니다(잠시 멈춤). 주위에는 온갖 종류의 꽃들이 여러분을 반갑게 맞이하고 있습니다. 이곳에서 여러분은 자유롭게 하고 싶은 것을 마음껏 하면서 즐거운 시간을 보내게 될 것입니다(잠시 멈춤). 이곳에 있는 모든 것들이 여러분에게 편안함을 제공하고, 따뜻함을 제공하고, 안전함을 제공해 줍니다. 이곳에서 여러분은 충분한 사랑을 받으면서 행복한 시간을 보냅니다(잠시 멈춤). 이제 가야 할 시간이 되었습니다. 여러분은 들판에 있는 것들과 작별 인사를 하고 이곳을 떠나 문을 열고 이 방으로 되돌아오는 자신을 상상해 보십시오. 이제 눈을 뜨고 여행에서 본 것이나, 행동한 것, 상상한 것을 그림으로 그려주십시오."

각자 상상한 것을 그림으로 그린 후에, 그림에 대해 이야기를 나눈다.

③ 새로운 나로 태어나는 의식

보자기에 들어갔다 나오면 내가 변화되거나 다시 태어나게 된다.

안에 있을 때나 밖으로 나왔을 때 집단원이 나에게 해 주었으면 하고 바라는 것을 말한 후에 활동을 한다. 예를 들면, "내가 보자기 안에 들어갔을 때는 집단원들이 자장가를 불러주었으면 좋겠고, 나왔을 때는 따뜻하게 나를 안아주었으면 좋겠다." 와 같이 집단원들이 자신에게 해 주기를 바라는 말과 행동을 요청한다.

다시 태어난 것을 축하하기 위해 둥글게 서서 '생일 축하' 노래를 부르고, 촛불을 끄면서 소망을 이야기한다.

④ 마무리

- 초기에 사용하였던 안전함과 편안함을 제공해 주는 천을 중앙에 내려놓으면서 다시 태어난 자신에 대해 말한다. 예를 들면, "나는 자랑스럽다." 와 같이 한 문장으로 표현한다.
- 전체 활동에 대한 느낌을 나눈다.

4) 상담과정으로의 적용

① 지도자는 본 활동을 원활하게 진행시키기 위해 자신을 준비시키는 것과 집단원들에게 자발성의 모델이 되는 것이 필요하다. 특히 '준비작업' 과 '새로운 나로 태어나는 의식' 에서는 지도자의 시연이 매우 중요한 부분이다.

② 최면걸기에서 최면을 거는 사람은 천천히 움직여야 하며, 최면에 걸리는 사

람의 상태를 보면서 함께 호흡을 맞추어가는 것이 필요하다.

③ 최면걸기와 모션연결을 위해서 공간을 넓게 확보해야 서로 부딪치지 않으며, 활동에 방해가 되지 않는다. 그리고 지도자는 집단원이 말을 하지 않고 침묵으로 서로의 느낌을 공유하도록 하여 이 활동에 보다 더 깊이 몰입할 수 있도록 도와주어야 한다.

④ '상상여행'을 하기 전에 집단원과 지도자 사이에 신뢰감이 잘 형성될 수 있도록 준비 작업을 충분히 하는 것이 필요하다. 그렇지 않으면 집단원이 이 활동에 몰입하기가 힘들어진다.

⑤ 상상여행으로의 안내를 할 때 지도자는 다음의 사항에 유의해야 한다.

- 집단원은 상상여행을 계속하는 동안 긴장을 풀어야 한다. 외부로부터 방해되는 소음이 없는 조용한 방이 필요하다. 조명은 밝고 눈부신 것보다는 쾌적하고 부드러운 것이어야 한다. 집단원이 앉거나 누울 수 있는 편안한 장소가 필요하다.
- 집단원을 데리고 여행을 안내할 때 조용한 음성으로 천천히 말해서 집단원의 이완된 분위기와 여행에 관한 관심을 방해하지 않도록 해야 한다.
- 지도자가 집단원을 안내할 때 각각의 지시 사이에 잠깐 쉬는 시간을 두는데 이는 집단원이 자신의 상상력을 사용해서 이야기의 세부묘사를 많이 하도록 하고 상상 속에서 여행을 충분히 경험하도록 하기 위해서다.
- 상상여행은 정신병적 성향이 있는 것으로 알려진 내담자, 현실과의 괴리감을 지닌 내담자 또는 시간이나 장소, 사람에 대해 혼란된 내담자에게는 절대 사용해서는 안 된다. 상상여행은 또한 자아의 힘이 약한 아동들에게도 권해지지 않는다. 왜냐하면 그 활동이 그들에게는 너무 도전적일 수 있기 때문이다. 또한 외상에 의해 해리된 내담자에게도 권해져서는 안 된다.
- 상상여행은 초기 청소년기 이후의 내담자들에게 가장 적합하다.

⑥ '새로운 나로 태어나는 의식'은 새로운 나로 태어나기 위해서 행해지는 하

나의 통과의례다. 집단원이 처음에는 이 활동에 대한 두려움이나 무서움을 표현하여, 활동하기를 꺼리는 경우가 많다. 이때 치료자가 먼저 자발성을 발휘하여 모델이 되어주면, 집단원들이 용기를 가지고 할 수 있을 것이다. 대부분의 경우 활동 전에는 두려움을 호소하지만, 활동 후에는 모두 좋아하고, 보자기 안에서 나오기 싫어하는 경우가 많으므로 지도자 또한 편안한 마음으로 집단원을 안내하는 것이 좋다.

이렇게도 해 보세요.

① 준비작업을 행위로 표현하는 대신에 그림으로 표현할 수 있다. 예를 들면, '안전하고 편안함을 느낄 수 있는 장소' 를 그리게 한 후, 이 장소에 대해 집단원이 서로 이야기를 나눌 수 있다.

② 아동을 대상으로 하는 준비작업을 할 경우에는 여러 종류의 인형을 배치해 두고, 아동이 안전함과 편안함을 느낄 수 있는 인형을 선택하도록 한 후, 선택한 인형에 관해 서로 이야기를 나눌 수 있다.

③ 준비작업으로 집단원이 태아의 자세(옆으로 누워서 두 발을 가슴까지 끌어올리고 머리를 두 손으로 감쌈)로 누워서 눈을 감고 치료사의 말에 귀를 기울이게 할 수도 있다. 이때 치료자는 집단원 모두가 태아라고 생각하고 경어를 사용하지 않는다. 다음과 같은 방법으로 상상여행을 인도할 수 있다.

"너는 이 세상에 태어나기 전에 그런 자세로 엄마의 배 안에서 누워 있었단다. 이제 네가 다시 엄마의 배 안에 들어 있다고 상상해 보아라(잠시 멈춤).

네가 다치지 않도록 보호해 주기 위해 따스한 물이 너의 주변을 감싸고 있단다. 너는 조용하게 물 안에 누워 있고 물은 너의 몸 전체를 부드럽게 감싸고 있다(잠시 멈춤).

엄마의 배 안은 푹신한 쿠션을 베고 누워 있는 듯 부드럽고 편안하다. 너의 눈은 감겨 있고 네가 조금 피로할 때는 마치 느리고 조용한 자장가를 듣듯이 엄마의 심장소리를 듣게 된다. 포흐-포흐, 포흐-포흐(잠시 멈춤).

아마 지금 엄마는 아름다운 음악을 듣고 있을지도 모른다. 너도 그 음악을 같이 들을 수 있단다. 음악은 엄마의 심장소리와 함께 들려온다(잠시 멈춤). 너는 네 마

음껏 오랫동안 누워 있을 수 있단다.(잠시 멈춤) 엄마의 배 안에 있으니 기분이 어떠니?(잠시 멈춤)

이제 천천히 이 방으로 되돌아와서, 눈을 뜨고 몸을 펴서 편안하게 한다. 엄마 배 안에 있는 너의 모습이나 그 안에서 상상한 풍경을 그림으로 그려볼 수 있겠니?(정여주, 2003, pp. 297-298)

④ '상상여행' 대신에 점토를 가지고 아기였을 때의 모습을 만들어 보게 할 수도 있다. 만들고 난 후에는 "네가 아기였을 때 모습을 만들어 보니 어떻니?" 라고 질문하여 내담자의 현재 경험을 알아보는 것이 중요하다. 이런 식으로 내담자의 현재 경험을 알아내는 것은 내담자로 하여금 '지금-여기'의 경험을 접할 수 있게 한다. 이때 내담자는 자신의 현재 감정과 사고를 끌어내어 그것에 대해 이야기하기 시작해서 좀 더 많이 이야기할 기회를 갖게 된다. 그리하면 감정의 표출과 문제의 탐색이 있을 수 있게 되는 것이다.

부록

〈부록 1〉 **집-나무-사람 그림검사**

〈부록 2〉 **동적가족화 해석기준**

〈부록 3〉 **동물그림**

〈부록 4〉 **동그라미 중심가족화 해석기준**

부록 1

집-나무-사람 그림검사(HTP)

1. 그림 그린 후 질문사항

HTP 검사에서 그림을 그린 후의 질문은 피험자가 표현한 것의 의미와 문제를 파악하는 데 극히 중요한 역할을 한다.

질문은 일정한 형식이 없으며, 검사자의 필요에 따라서 행하는 것이 좋다. 질문에 대한 대답에 대해서는 그 이유를 묻는 것이 바람직하다.

다음은 HTP 검사를 실시한 후 피험자들에게 일반적으로 사용되는 질문이다.

1) 집 그림

(1) 이 집은 어디에 있습니까?(시가지에 있습니까, 교외에 있습니까?)

(2) 이 집 가까이에 다른 집이 있습니까?

(3) 이 그림에서 날씨는 어떠합니까?

(4) 이 집은 당신에게서 멀리 있는 집입니까? 가까이 있는 집입니까?

(5) 이 집에 살고 있는 가족은 몇 사람이며 어떤 사람들입니까?

(6) 가정의 분위기는 어떠합니까?

(7) 이 집을 보면 무엇이 생각납니까?

(8) 이 집을 보면 누가 생각납니까?

(9) 당신은 어떤 집에 살고 싶습니까?

(10) 당신은 이 집의 어느 방에 살고 싶습니까?

(11) 당신은 누구와 이 집에 살고 싶습니까?

(12) 당신의 집은 이 집보다 큽니까? 작습니까?

(13) 이 집을 그릴 때 누구의 집을 생각하고 그렸습니까?

(14) 이것은 당신의 집을 그린 것입니까?

(15) (특수한 집인 경우) 왜 이 집을 그렸습니까?

(16) (그림에서 이해하기 곤란한 부분에 대하여) 이것은 무엇입니까? 왜 그렸습니까?

(17) 이 그림에 첨가해서 더 그리고 싶은 것이 있습니까?

(18) 당신이 그리려고 했던 대로 잘 그려졌습니까? 어떤 부분이 그리기 어려웠고 마음에 들지 않습니까?

2) 나무 그림

(1) 이 나무는 어떤 나무입니까?(불확실한 경우 상록수 혹은 낙엽수인지 질문)

(2) 이 나무는 어디에 있는 나무입니까?

(3) 한 그루만 있습니까? 숲 속에 있나요?

(4) 이 그림의 날씨는 어떠합니까?

(5) 바람이 불고 있습니까? 바람이 분다면 어떤 바람이 어느 방향으로 불고 있습니까?

(6) 이 나무는 몇 년쯤 된 나무입니까?

(7) 이 나무는 살아 있나요? 말라죽었다면 언제쯤 어떻게 말라죽었습니까?

(8) 이 나무는 강한 나무입니까? 약한 나무입니까?

(9) 해가 떠 있습니까? 떠 있다면 어느 쪽에 떠 있습니까?

(10) 이 나무는 당신에게 누구를 생각나게 합니까?

(11) 이 나무는 남자와 여자 중 어느 쪽을 닮았다고 봅니까?

(12) 이 나무는 당신에게 어떤 사람을 느끼게 합니까?

(13) 이 나무는 당신으로부터 멀리 있는 나무입니까? 가까이 있는 나무입니까?

(14) 이 나무에 필요한 것은 무엇입니까?

(15) 이 나무는 당신보다 큽니까? 작습니까?

(16) (상흔이 있으면) 이것은 무엇입니까? 어떻게 해서 생겼습니까?

(17) (특수한 나무인 경우) 왜 이런 나무를 그렸습니까?

(18) 이 그림에 더 첨가해서 그리고 싶은 것이 있습니까?

(19) (그림에서 이해하기 곤란한 부분에 대하여) 이것은 무엇이며 왜 그렸습니까?

(20) 당신이 그리고자 한 만큼 잘 그려졌습니까?
어떤 부분이 그리기 어려웠고, 마음에 들지 않습니까?

3) 사람 그림

(1) 이 사람의 나이는?

(2) 이 사람의 직업은?

(3) 결혼은 했습니까? 가족은 몇 명이며 어떤 사람들입니까?

(4) 이 사람은 지금 무엇을 하고 있습니까?

(5) 지금 이 사람은 무슨 생각을 하며 어떻게 느끼고 있습니까?

(6) 이 사람의 건강상태는 어떠합니까?

(7) 이 사람의 친구관계는 어떻습니까?

(8) 이 사람의 성격은 어떠합니까? 장단점은 무엇입니까?

(9) 이 사람은 행복합니까? 불행합니까?

(10) 이 사람에게는 무엇이 필요합니까?

(11) 당신은 이 사람을 어떻게 생각합니까? 좋습니까? 싫습니까?

(12) 당신은 이 사람처럼 되고 싶습니까?

(13) 당신은 이 사람과 함께 생활하고 친구가 되고 싶습니까?

(14) 이 사람을 그릴 때 누구를 생각하고 있었습니까?

(15) 이 사람은 당신을 닮았습니까?

(16) (특수한 인물인 경우) 왜 이 사람을 그렸습니까?

(17) (그림에서 이해하기 곤란한 부분의 경우) 이것은 무엇입니까? 왜 그렸습니까?

(18) 이 그림에 더 첨가해서 그리고 싶은 것이 있습니까?

(19) 당신이 그리고자 한 만큼 잘 그려졌습니까?
어떤 부분이 그리기 어려웠고, 마음에 들지 않습니까?

2. 그림 해석

1) 전체적 평가

전체적 인상, 조화, 구조, 이상한 곳은 없는가에 주목하여 어떤 모양의 사람을 그렸는가를 생각해 나가는 것이다.

전체적 평가에서 밝혀야 하는 것은 피험자의 적응수준, 성숙도, 신체상의 혼란 정도, 자기와 외계에 대한 인지방법을 파악한다.

2) 내용분석

무엇을 그렸는지를 분석하는 것이다.

내용분석에 있어서는 명백하고 큰 특징을 먼저 다루는데, 그림 그린 후의 질문을 실시하여 피험자가 질문에 따라 연상하는 것을 묻는 것이 해석에 효과가 있다.

3) 형식적 분석

어떻게 그렸는가를 분석하는 것이다. 그림을 그리는 순서, 위치, 크기, 필압, 선의 농담, 그림의 대칭성, 운동성, 원근법, 음영, 생략, 강화, 지우기 등을 다루며, 이것으로 성격의 단면을 이해해 나가는 방법이다.

(1) **검사태도 및 소요시간**

* 소요시간이 2분 이하로 짧거나, 30분 이상 걸릴 때는 의미가 있으며, 그림을 그리는 데 갈등을 가지는 경우가 있다.
* 오랜 시간이 소요: 완벽성, 강박경향이 있는 경우에 볼 수 있다.

(2) **순서**

* 그림을 이상한 순서로 그릴 때: 일반적으로 사람을 그릴 경우는 얼굴, 눈, 코, 입, 목, 몸, 팔, 다리의 순으로 그리나 얼굴 내부를 먼저 그리고 윤곽선을 나중에 그리거나 발은 먼저 그리고 얼굴을 마지막에 그리는 경우는 대인관계에 문제가 있거나 사고장애의 경우에 볼 수 있다.

(3) **크기**

* 용지의 2/3의 크기가 적당
* 지나치게 작은 그림: 내적 열등감, 위축감, 부적절한 감정, 자기억제적, 소심함, 우울증적 경향
* 지나치게 큰 그림: 환경에 대한 적의와 공격성, 자기 확장, 과잉행동적, 정서적 조증의 상태, 과장된 경향

(4) **위치**

* 용지의 위쪽: 욕구나 포부수준이 높고, 어려운 목표를 설정해놓고 갈등과 스트레스를 느끼는 가능성

현실세계보다는 자신만의 공상 속에서 만족감을 얻으려는 경향성

* 용지의 아래쪽: 불안정감, 부적절감, 우울증적 상태
* 용지의 가운데: 적정한 수준이 안정감
  정중앙에 있을 경우 불안정감, 인간 상호관계에 있어서의 완고함
* 용지의 왼쪽: 충동적 만족, 자의식이 강하고 과거로 퇴행, 내향적인 성향, 여성 경향
* 용지의 오른쪽: 지적 만족, 미래 강조, 남성적 특징

(5) **필압**

* 매우 진한 선: 심한 긴장, 공격성, 자기주장성
* 매우 옅은 선: 우유부단함, 소심함, 에너지 수준이 낮음, 부정적 자긍심, 우울

(6) **스트로크(stroke)**

* 긴 스트로크: 자신 통제
* 짧은 스트로크: 충동성
* 망설이지 않고 한 줄인 선: 안정되고 자신 있는 것
* 흔들리고 덧칠되는 선: 자신감이 없고 불안정함

(7) **지우기**

* 불안감, 우유부단함, 불확실성, 강박성

(8) **생략과 왜곡**

* 그 부분이 피험자에게 갈등이 되고 있음

(9) **음영**

* 불안, 갈등

☞ 집그림 해석

가정상황을 나타내며, 자신의 가정생활과 가족관계에 대한 인지, 현재의 가정을 어떻게 보는지, 이상적인 장래의 가정과 과거의 가정에 대한 소망을 나타냄

* 지붕: 정신생활 특히 생활의 공상영역 상징
* 벽: 자아의 강도와 관계
  • 튼튼한 벽은 완강한 자아, 얇은 벽은 약한 자아
  • 벽면이 경사진 것 – 자아의 통합성과 안정성이 흔들림
* 문: 환경과의 직접적인 상호작용, 대인관계에 대한 피험자의 태도
  • 경첩이나 문고리에 대한 강조 – 편집성의 방어적 민감성
* 창문: 환경과의 수동적인 접촉
  • 완전히 닫힌 커튼 – 환경과 접촉하지 않으려는 것
  • 반 열려진 커튼 – 환경과 통제된 교류
  • 지나치게 크거나 많은 창문 – 환경과의 상호작용에 대한 지나친 관심
  • 지나치게 작거나 없는 것 – 적대적, 부정적 경향, 타인에 대한 관심 부족
* 굴뚝과 연기: 친밀한 인간관계로서의 따뜻함, 남성 성기의 상징
  • 진하게 많은 연기가 나오는 것 – 가정 내의 갈등, 정서 혼란

☞ 나무그림 해석

* 주제:
  • 상록수 – 자신을 활력이 넘치는 존재로 인식, 그렇게 행동하고 싶다는 희망
  • 낙엽수 – 외계의 힘에 의해 움직이고 있다는 감정
  • 버드나무 같이 밑으로 처지는 나무는 내향적, 폐쇄적, 우울
* 줄기: 성장과 발달에 있어 에너지, 창조력, 생명력, 생활에 대해 느끼는 감정을 반영
  • 큰 줄기 – 환경에 대해 적극적으로 행동, 현실과 공상 면에서 공격적 행동 경향
* 수피: 자신과 외계와 타인과 접촉하는 부분
  • 나무껍질을 검게 칠한 것은 외계와의 사이에 긴장감, 우울함, 불안
  • 나무껍질을 상세하게 그리는 것은 환경과의 관계에 강한 관심
* 줄기의 상흔, 옹이구멍: 외상경험
* 가지: 환경과의 관계, 자신이 가지고 있는 능력, 가능성, 적응성을 어떻게 보고 있는지를 나타냄
  • 가지가 갈라지지 않은 그림 – 경직된 성격

• 위로만 향한 가지 — 성취에 대한 긴장
• 위가 잘리거나 부러진 가지 — 성공에 대한 희망 없음을 표시
• 끝이 날카로운 창 같은 모양의 가지 — 강한 공격성, 적개심 시사

* 수관:
  • 줄기가 짧고 수관이 큰 나무 — 자신감과 야망을 가지고 정열적으로 몰두하는 사람
  • 줄기가 아주 가늘고 수관이 지나치게 큰 경우 — 완전한 만족을 위해 마음의 안정 상실
* 뿌리: 현실을 지배하는 자신의 능력
  • 뿌리가 보이는 것처럼 그리는 것 — 현실검증력의 장애

☞ 사람그림 해석

* 머리: 지능, 공상, 자기통제, 대인관심을 상징
* 얼굴: 외계의 현실세계와 어떻게 접촉하는가를 상징
* 눈과 속눈썹: 내면생활을 나타내는 것뿐 아니라 외계와 접촉하는 중요기관
  • 눈동자 없이 원모양으로 그림 — 자기에 몰입, 환경에 관심 없음, 미성숙, 퇴행
  • 큰 눈 — 외향성, 사회적 의견에 과민함
* 코: 남근 상징
  • 코의 강조 — 성적 어려움, 성적 미숙, 부적절감
  • 코 생략 — 성에 대한 갈등, 동성애 경향
* 입: 말에 의해 타인과 접촉하는 기관으로 적극성, 공격성, 성적인 것 상징
  • 입 강조 — 퇴행, 구순적인 공격충동으로 인한 불안, 천박한 언어 사용과 관련
  • 치아강조 — 공격적, 가학적 경향
  • 입이 한 선으로 표시 — 긴장
  • 두툼하고 벌려진 입 — 구강적, 의존적
* 턱: 힘과 결단력, 공격적 지배적 경향
* 귀: 귀 강조 — 외계의 비판이나 타인의 의견에 대한 과감성, 환청, 난청의 가능성
* 목: 지적인 통제와 충동을 연결하는 부분
  • 긴 목 — 본능적 욕구를 과도하게 통제

- 목이 지나치게 짧고 굵은 것—충동성
- 목이 없는 것—미성숙

* 팔, 손: 환경을 접촉하고 조작하는 기관
  - 짧은 팔—접촉의 제한, 무기력
  - 긴 팔—성취욕, 획득욕, 환경과의 적극적 접촉
  - 팔이 신체에 붙어 있음—수동적, 의존적, 억압, 긴장
  - 팔이 신체에서 뻗어 있음—밖으로 향한 공격성
  - 팔의 생략—우울, 정신분열
  - 손 생략—무력감, 거세된 감정
  - 손에 진한 음영—공격, 절도, 자위 등 손 사용 행동에 대한 죄책감
  - 손을 감춘 그림—도피적인 태도, 손 사용 행동에 대한 죄책감
* 발: 성격의 안정성
  - 긴 다리—자율성에 대한 강한 욕구
  - 짧은 다리—의존 욕구, 비활동성
  - 길이가 다른 다리—양가적 감정, 불안정하거나 공상 세계로 도피하는 사람
  - 딱 벌리고 있는 다리—안정성 강조
  - 엇갈린 다리—정서적 긴장이 강하거나 성적 접촉에 대해 자신을 지키고자 하거나 성적 부적응
* 발가락: 발가락을 그리는 것은 병적인 징표
* 몸통
  - 몸통이 없는 인물화는 자신의 신체상을 상실하고 있거나 신체적인 충동의 존재를 부인
  - 현저하게 작은 몸통은 신체적 에너지 결핍
  - 기하학적 도형의 몸통은 정신지체나 정신분열증으로 의심
  - 둥그스름한 몸통은 공격성이 약하고 미발달적, 여성적 경향과 관련
  - 각이 진 몸통은 공격성이 강하고 자기주장적, 남성적 경향과 관련
* 어깨: 체격과 체력을 나타냄. 남성적인 힘과 자기 과시의 욕구
  - 모난 것을 지나치게 강조하는 것은 외계에 대해 적의를 가지며 방어적인 태도
  - 남성상의 어깨를 강조한 것은 자신의 신체의 약함을 보상, 성적 역할에 대해

양가 감정

- 여성상의 어깨를 강조한 것은 성적 역할에 대한 혼란
- 작은 어깨는 열등감을 나타냄

* 유방: 성적 관심과 의존 욕구
  - 의복을 통해 가슴이 불룩한 것으로 나타내거나 선을 통해 암시하는 것은 성과 애정에 대한 적절한 관심 또는 구순적 의존 욕구
* 허리
  - 허리의 선을 강조하거나 반대로 흐리고 약한 필압을 그리거나 파선으로 그리는 경우는 성충동의 표현과 통제 간에 갈등과 긴장
* 엉덩이
  - 남성상의 엉덩이를 강조하여 그리는 남자는 성적으로 미숙하거나 동성애 경향
  - 여성상의 엉덩이를 강조한 것은 여성다움에 대한 관심
* 의복
  - 나체상은 사회규범에 대해 반항적이며 성적 문제를 가지고 있는 경향
  - 의복을 통해 신체가 보이도록 그리는 것은 현실검증력이 저하, 심리적, 기질적 원인으로 성격장애
  - 인물에 비해 너무 큰 옷은 옷의 부적합성과 자기 모멸을 나타냄
  - 속이 비치는 옷은 성적인 것을 훔쳐보는 경향, 과시적인 경향
* 단추: 모친에 대한 의존
  - 의존적, 유아적, 부적합한 성격
  - 소매부리의 단추가 강조된 것은 의존적 경향 외에 강박적 성향
* 주머니
  - 유아적 의존적 경향
  - 가슴 부위에 그려진 주머니는 구순적 애정의 결핍
* 넥타이: 남성적인 것을 의미, 남근 상징
* 목걸이: 자신의 부적절함을 보상

부록 2

동적가족화 해석기준

동적가족화의 해석은 5개의 진단영역, 즉 인물상의 행위(actions), 양식(styles), 상징(symbols), 역동성(dynamics), 인물상의 특성(figure characteristics)으로 나누어진다.

1. 인물상의 행위

인물상의 행위는 두 가지 관점에서 해석될 수 있다. 첫째, 행위의 상호작용 측면에서 볼 수 있는데 가족모두가 상호작용하고 있는가 아니면 일부가 상호작용하고 있는가 또는 상호작용 행위가 없는가에 따라 가족의 전체적 역동성을 엿볼 수 있다.

둘째, 각 인물상의 행위를 중심으로 가족 내 역할유형 등을 알 수 있다. 주로 아버지, 어머니, 자기상을 중심으로 분석한다. 그 이유는 이 세 사람이 공통되는 가족구성원이며 자녀에게 있어서 부모는 성격형성의 중요한 장을 형성해 주기 때문이다. 대체로 아버지상은 TV 보기, 신문 보기, 일하는 모습 등으로 그려지고, 어머니상은 부엌일이나 청소 등과 같은 가사 일을 하고 있는 모습으로, 자기상은 공부, TV 보기, 노는 모습 등으로 그려진다. 그러나 행위에 대한 해석은 다음에 언급할 그림의 양식, 상징 등을 함께 고려하여 전체적 관점에서 해석되어야 한다.

2. 그림의 양식

일반적으로 양식은 가족관계에서 자기의 감정과 상태, 신뢰감을 나타낸다. 양식은 일반양식, 구분, 종이접기, 포위, 가장자리, 인물하선, 상부의 선, 하부의 선 등으로 분류할 수 있다.

1) 일반적 양식

보통의 신뢰감에 가득 찬 가족관계를 체험하고 있는 경우 그려지는 것으로 복잡하거나 명백한 장벽을 나타내지 않고 온화하고 우호적인 상호관계를 암시하는 그림이다.

2) 구분

하나 또는 그 이상의 직선이나 곡선을 사용하여 그림에서 인물들을 의도적으로 분리하는 경우다. 사회적으로 고립되거나 내성적인 내담자에게서 보여지는 것으로 다른 가족성원으로부터 자신과 그들의 감정을 철회하고 분리시키려는 욕구를 표현한 것으로 해석된다.

3) 종이 접기

구분검사용지를 접어서 몇 개의 사각 형태를 만들고 그 안에 가족구성원을 그리는 것으로 구분의 극단적인 양식이다. 이는 가족관계 내에 존재하는 강한 불안이나 공포를 나타내는 것으로 해석된다.

4) 포위

하나 또는 그 이상의 인물을 어떤 사물이나 선으로 둘러싸는 경우다. 가족 간의 관계에서 자기 자신이 개방적인 감정적 태도를 가지지 못할 때, 가족원 혹은 자기 자신을 닫아버리는 양식이다. 강한 불안이나 불안의 표현으로 주로 책상, 그네, 자동차 등의 사물을 이용하여 교묘하게 표현하는 경우가 많다.

5) 가장자리

인물상을 용지의 주변에 그리는 경우로, 상당히 방어적이며 문제의 핵심에서 회피하려는 경향이 있다. 또한 친밀한 관계를 맺는 것에 대한 강한 저항을 나타낸다.

6) 인물하선

자신이나 특정 가족구성원에 대해 불안감이 강한 경우에 인물상 아래에 선을 긋는 경우가 있다. 가족성원 상호간의 인간관계의 불안정성을 시사하고 있다고 본다.

7) 상하부의 선

용지의 상부에 그려진 선으로 불안, 걱정, 공포가 존재함을 의미한다.

하부의 선은 강한 스트레스 하에 있는 내담자가 안정을 필요로 하고 구조받고 싶은 욕구가 강할 때 나타난다. 붕괴직전에 놓여 있는 가정이라든가 스트레스 하에 있는 내담자가 안정을 강하게 필요로 하고 또 구조받고 싶은 욕구가 강할 때 나타난다.

3. 역동성 차원

가족 간의 감정을 용지의 전체적 맥락에서 파악할 수 있는 영역으로 인물상의 순서, 위치, 크기, 거리, 인물상의 방향, 인물상의 생략, 타인의 묘사 등이 속한다.

1) 인물상의 순서

가족 내의 일상적 순서를 나타내는 경우가 많다. 특정 인물이나 자기상이 제일 먼저 그려진 경우에 내담자의 가족 내 정서적 위치에 대해서 특별히 고찰할 필요가 있다.

2) 인물상의 위치

위쪽으로 그려진 인물상은 가족 내 리더로서의 역할이 주어지는 인물을 나타내며 높은 목표를 가지고 그 목표에 도달하고자 노력한다. 가족 전원이 위쪽으로 그려진 경우는 가족 전체의 현재 상황에 대한 피험자의 불안이나 불안정감을 의미한다. 아래쪽은 억울감이나 침체감과 관계있다. 또한 가장자리나 아래쪽은 불안정, 낮은 자아존중감을 의미하기도 한다. 좌우로 구분했을 때 우측은 외향성과 활동성에 관계하며, 좌측은 내향성과 침체성과 관계있다. 적절히 적응하는 사람들은 남녀 모두 자기상을 우측에 그리는 일이 많다. 중앙부에 그려진 인물상은 가족의 중심인물인 경우가 많다. 만약 내담자가 중앙부에 자기상을 위치시켰을 때 자기중심성이나 미성숙한 인격을 의미하는 일도 있다.

3) 인물상의 크기

가족성원에 대한 관심의 정도가 인물의 크기를 반영한다. 부정적이든 긍정적이든 관심이 큰 인물이 크게 그려진다. 전반적인 그림이 현저하게 큰 것은 공격적 성향이나 과장, 부적절한 보상적 방어의 감정, 과잉행동을 의미한다. 반면 현저하게 작은 그림은 열등감, 무능력감 혹은 부적절한 감정, 억제적이고 소심함을 나타낸다.

4) 인물상 간의 거리

인물상 간의 거리는 내담자가 본 성원들 간의 친밀성 정도나 심리적인 거리를 반영하는 것이라고 할 수 있다. 인물상이 겹쳐지거나 접촉되어 있을 때는 두 개인 간에 친밀함이 존재함을 의미한다. 반대로 거리가 먼 두 인물상 간에는 실제생활에서도 상호작용이나 의사소통이 소원한 경우가 많다.

5) 인물상의 방향

그려진 인물상의 방향이 '정면' 일 경우 긍정적인 감정이, '측면' 일 경우는 반긍정, 반부정적인 감정을, '뒷면' 일 경우 그 인물에 대한 부정적인 감정을 반영한다고 할 수 있다.

6) 인물상의 생략

가족원의 생략은 그 가족구성원에 대한 적의나 공격성, 불안 등의 부정적인 감정을 표현한 것으로 볼 수 있다. 인물상을 지운 흔적은 지워진 개인과의 양가감정 또는 갈등이 있음을 시사할 수도 있고 강박적이거나 불안정한 심리상태일 때도 나타난다. 또는 가족원의 일부를 용지의 뒷면에 그리는 경우는 그 개인과의 간접적인 갈등을 시사한다.

7) 타인의 묘사

가족구성원이 아닌 제3자를 그린 경우 가족 내의 누구에게나 마음을 터놓을 수 없는 상태에 있을 때 타인이 묘사되는데, 주로 친구가 묘사되는 경우가 많다.

4. 인물상의 특징

1) 음영이나 갈기기

신체부분에 음영이 그려진 경우 그 신체부분에의 몰두, 고착, 불안을 시사한다. 또한 정신신체증상의 호소와도 관련된다. 그림의 윤곽선이 진하고 그림 안의 선들이 진하지 않을 경우 성격의 평형을 유지하는 것이 곤란함을 나타낸다.

2) 윤곽선 형태

강박적 사고와 관련이 있다. 인물상을 빈틈없이 그릴 수 없을 정도로 과도하게 집착하고 있음을 시사한다.

3) 신체부분의 과장

신체부분의 확대 혹은 과장은 그 부분의 기능에 대한 집착을 나타낸다. 신체내부를 투명하게 보이는 경우는 현실왜곡, 빈약한 현실감각, 정신장애 가능성을 내포한다.

4) 신체부분의 생략

그 신체부분의 기능의 거부와 그 부분에 집착된 불안 또는 죄의식을 나타낸다.

5) 얼굴표정

직접적인 감정을 나타내므로 해석상 확실한 지표가 된다. 인물의 표정은 가족활동 안에서 내담자가 지각하는 정서반응일 수 있다. 얼굴표정을 생략한 경우 가족 내에서 느끼는 갈등이나 정서적 어려움을 회피하거나 거리감을 두려는 시도로 해석할 수 있다.

6) 의복의 장식

나체상을 그리는 사람은 사회규범에 대해 반항적이며 성적 문제를 가지는 경향이 많으며, 의복을 통하여 신체가 보이도록 그리는 경우는 현실검증력이 낮고 심리적으로 장애가 있는 경우가 많다. 의복의 단추 모양이나 악세사리의 강조는 의존성 또는 애정욕구의 불만을 의미한다.

7) 회전된 인물상

인물상이 기울기도 하고 옆으로 누워 있는 경우가 있다. 이는 가족에 대한 인식기능이 상실되었을 때, 거절, 다른 가족성원과의 분리감정을 나타낸다. 즉, 보편적으로 강한 불안정과 정서 통제가 되지 않는 내담자에게서 나타난다.

8) 정교한 묘사

그림이 극히 정교하고 정확하며 질서가 있는 경우는 환경구성에 대한 그림을 그리는 사람의 관심이나 욕구를 반영하는 것이나, 과도한 표현은 강박적이고 불안정한 심리상태를 의미한다.

9) 필압

선이 굵고 강하게 나타나는 경우는 충동이 밖으로 향하고 공격적이고 활동적이다. 반대로 약하고 가는 선은 우울하고 소극적인 사람에게 나타난다.

5. 사용된 상징

동적가족화에서 나타난 모든 사물들에 대한 임상적 의미를 부여하기는 어렵다. 많은 동적가족화를 통해 보편적으로 발견되는 사물(日比, 1977)과 거기에 공통된 임상적 의미를 예측한 것을 상징의 영역으로 간주하고 있다. 상징의 해석이 주관적, 독단적으로 행해지면 내담자의 특성을 잘못 해석할 수 있다. 하나의 상징이 항상 내담자에게 같은 의의와 깊이를 가진다고 볼 수 없다. 그러므로 역동적, 통합적 관점에서 해석할 필요가 있다.

위의 상징물을 임상적으로 의미를 부여할 수 있는 사물들을 영역화해서 몇 가지 영역으로 나열하면 다음과 같다.

① 공격성, 경쟁심: 공, 축구공, 그 밖에 던지는 물체, 빗자루, 먼지떨이 등

② 애정적, 온화, 희망적: 태양, 전등, 난로 등의 열과 빛이 적절할 때
위의 빛이나 열이 강렬하고 파괴적일 때는 애정이나 양육의 욕구, 증오심을 나타내기도 한다.

③ 분노, 거부, 적개심: 칼, 총, 날카로운 물체, 불, 폭발물 등

④ 힘의 과시: 자전거, 오토바이, 차, 기차, 비행기 등 자전거를 제외하고 모두 의존적 요소에 의한 힘의 과시

⑤ 우울감정, 억울함: 물과 관계되는 모든 것, 비, 바다, 호수, 강 등

부록 3

동물그림

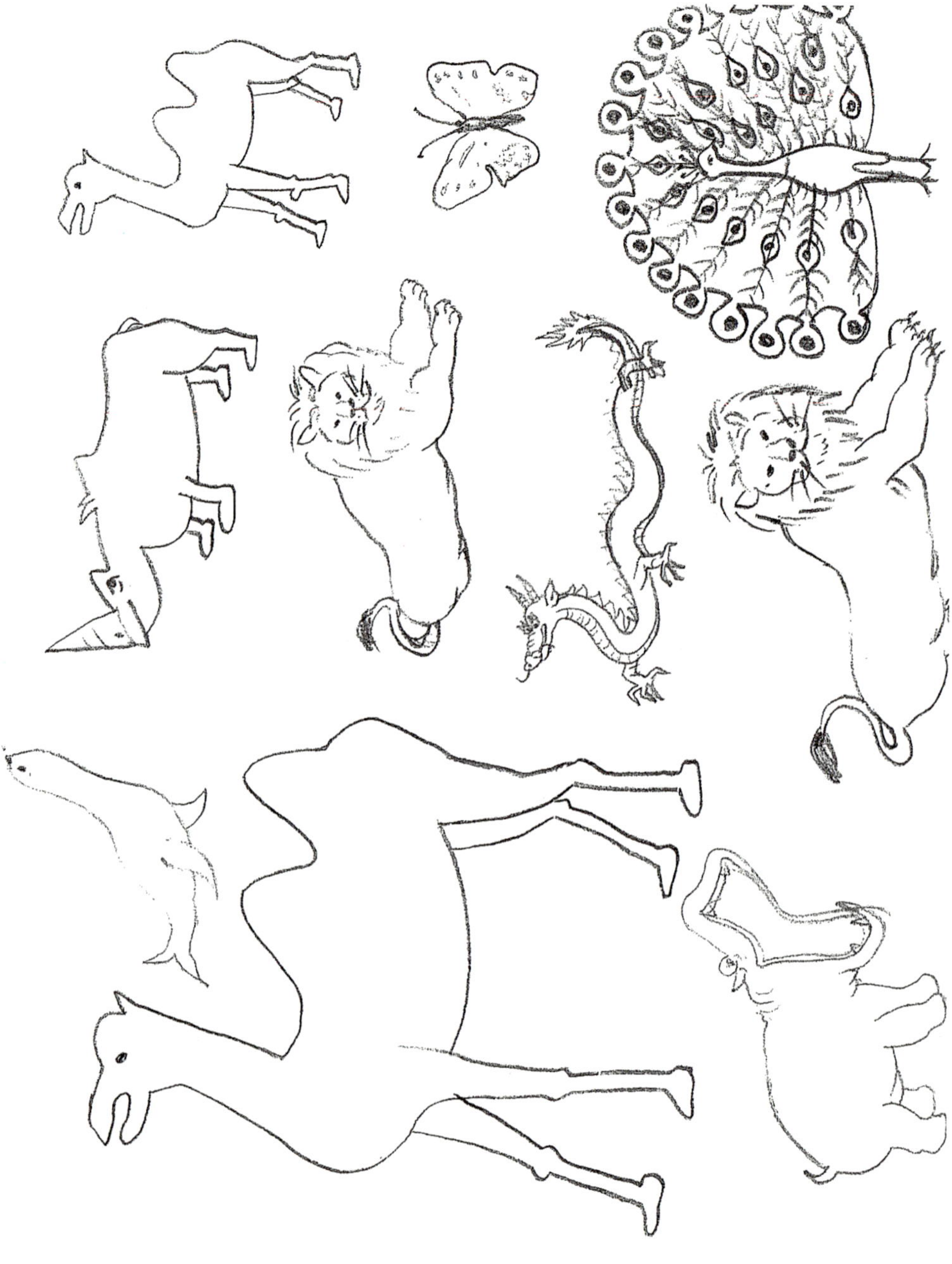

부록 4

동그라미 중심가족화 해석기준

(1) 일반적 기준

① 인물상의 상대적 크기: 그것은 각각의 심리학적 크기나 그 인물의 내부에 포함되어 있는 힘의 양을 반영하고 있다.

② 신체 각부의 생략과 강조

* 눈과 눈동자의 생략은 보고 싶지 않음을 나타내며, 눈의 과장은 과도한 경계를 의미한다.
* 코의 생략은 분노를 나타내지 않으려는 것을 나타내고, 대개 분노가 수용되지 않는 가정에서 양육된 사람들에게서 나타난다. 코의 과장은 외부로 향한 분노다.
* 입의 생략은 의존성과 약함을 표현할 수 없는 것을 나타내고 입의 과장은 의존성이다.
* 목의 생략은 강한 의지의 사람들에게서 보이며, 긴 목은 의존성을 나타낸다.
* 팔의 생략은 힘에 대한 불안을 의미하며, 길게 늘어진 팔은 힘과 조정에 대한 욕구를 나타낸다.
* 허리 밑 부분의 생략은 성에 관한 부정을 의미하고 있다.
* 발의 생략은 불안정과 집시 같은 성격을 나타내는 반면 길게 늘어진 발은 안전성 및 안정성에 대한 욕구의 표현이다.

③ 얼굴의 표정: 누가 웃고, 울고 있는가, 행복한가, 불행한가, 인물상은 눈이 있는가, 그들은 볼 수 있는가.

④ 인물상 바로 위의 상징: 이 상징은 종종 그 인물에 관련되는 첫째로 연상된 감정이다. 상징의 많음은 관심을 의미하며, 적음은 상호작용의 단절을 의미한다. 그리고 인물상의 상징이 긍정적인지, 부정적인 상징인지를 파악한다. 인물상 바로 위의 하트는 사랑을 의미하며, 인물상 위의 칼은 분노를 나타내는 것이다.

⑤ 인물상 간의 거리: 거리는 심리적 거리를 의미한다.

⑥ 인물상의 위치: 중심에서 어느 위치에 있는가

(2) 건강하게 내재화된 부모상과 자기상의 그림 특징
① 전체의 인물상이 생략되거나 왜곡되어 있지 않다.
② 신체 각 부위가 적당한 크기로 균형을 이루고 있다.
③ 인물상의 눈, 코, 입이 그려져 있고, 화목한 얼굴표정을 보인다.
④ 자신의 상이 중심에 있고, 통제되고 있다.
⑤ 인물상의 상호간에 지나치게 접촉되어 있지 않고 적당히 떨어져 있다.
⑥ 부모상이 대조적으로 위치하고, 자신의 상에 인접하는 쪽의 신체 왜곡이 없다.
⑦ 이상적으로는 부모상은 자신의 상을 부상시켜 바로 보고 있다.
⑧ 주위의 상징이 긍정적이고 희망적이다.
⑨ 살고 싶은 세계가 그려져 있다.

(3) 불건강하게 내재화된 부모상과 자기상의 그림 특징
① 인물상의 신체 각 부위가 생략된 사람
② 인물상의 지나친 크기 및 왜곡
③ 화목하지 않은 얼굴표정이나 생략
④ 부친상과 모친상이 중심부에 있거나 중심부가 비어 있다.
⑤ 인물상들이 서로 멀리 떨어져 있다.
⑥ 부모가 자신을 보지 않고, 눈이 없거나 앞만 보고 있다.
⑦ 주위의 상징들이 부정적이다.
⑧ 살고 싶지 않은 듯한 세계를 그리고 있다.

참고문헌

강봉규(1999). 심리검사의 이론과 기법. 서울: 동문사.

곽금주(2002). 아동 심리평가와 검사. 서울: 학지사.

권기덕, 김동연, 최외선(1993). 가족미술치료. 대구: 동아문화사.

김동연(2000). 9분할 통합 회화법과 가족화. 한국미술치료학회 제27회 미술치료연수회자료집.

김동연, 공마리아, 최외선(2004). HTP와 KHTP. 대구: 동아문화사.

김동연, 정현희(1997). 동그라미 중심 가족화에 의한 심리진단과 치료. 대구대학교 출판부.

김순란(2004). 초등학생의 스트레스와 '빗속의 아이' 그림 반응특성에 관한 연구. 영남대학교 환경보건대학원 석사학위논문.

김중술, 원호택 공역(1988). 임상심리학. 서울: 법문사.

박경, 최순영(2003). 심리검사의 이론과 활용. 서울: 학지사.

박영숙(1994). 심리평가의 실제. 서울: 하나의학사.

손무경(2004). PITR을 통한 초등학생의 스트레스와 대처행동 측정에 관한 연구. 경성대학교 대학원 박사학위논문.

신민섭 외(2003). 그림을 통한 아동의 진단과 이해(증보판). 서울: 학지사.

장연집 역(1994). 아동이 그린 가족화 분석. 서울: 교문사.

정여주(2003). 미술치료의 이해. 서울: 학지사.

최외선, 정현희(2004). 동적가족화와 심리진단. 대구: 중문출판사.

최정윤(2002). 심리검사의 이해. 서울: 시그마프레스.

한국미술치료학회 편(2000). 미술치료의 이론과 실제. 대구: 동아문화사.

Barry, M. Cohen, Mary-Michola Barnes & Anita B. Rankin (2003). *Managing Traumatic Stress Through Art.* 이윤희, 주리애 공역(2003). 상처 입은 마음의 성형. 서울: 도서출판 KATC.

Buck, J. (1948). The H-T-P. *Journal of clinical child psychology 4,* 151-159.

Burns, R. C., Kaufman, S. H. (1970). Kinetic Family Drawing (K-F-D): *An Introduction to understanding children through kinetic drawing.* New York: Branner/Mazel.

Burns, R. C., Kaufman, S. H. (1972). *Actions, Styles and symbols in kinetic Family Drawing(KFD).* New York: Branner/Mazel.

Burns, R. C., & Kaufman, S. H. (1990). *Guide to family-centered circle drawings(F-C-C-D) with symbol probes and visual free association.* NY: Brunner/Mazel.

Cane, F. (1951). *The artist in each of us. Craftsbury Common.* VT: Art Therapy Publications.

Claman, L. (1980). The Squiggle Drawing Game in Child Psychotherapy. *American Journal of Psychotherapy, 34* (33), 414-425.

Exner, J. E. (1993). *The Rorschach a comprehensive system vol 1.* John Wiley & Sons, INC.

Geldard Kathryn & Geldard David (1997). *Counseling Children.* 김광웅, 박인전, 방은령 공역(2003). 아동상담. 서울: 중앙적성출판사.

Goodenough, F. (1926). *Measurement of intelligence by drawing.* NY: Harcourt Brace and World.

Harmer, E. F. (1958). *The clinical application of projective drawing.* Charles C. Publisher.

Hobday Angela & Ollier Kate (1999). *Creative Therapy with Children & Adolescents.* Impact Publishers, Inc.

Kawasima, Syoten (1994). *Collage Therapy-Theory and Practice.* Tokyo.

Knoff, H., & Prout, H. T. (1988). *Kinetic drawing system for family and school: A Handbook.* California Western psychological services.

Landgarten, H. (1987). *Family art Psychotherapy.* New York: Brunner/Mazel.

Naumburg, M. (1966). *Dynamically oriented art therapy.* NY: Grunne & Stratton.

Sogen, Sya (1993). *Collage Therapy Guide.* Osaka.

Rabin, A. I. (1960). *Projective techniques with children.* Crune & Stratton. New York.

찾아보기

인 명

내 용

저자 소개

최외선 영남대학교 미술치료 전공 주임교수, 환경보건대학원장
김갑숙 영남대학교 미술치료 전공 교수
최선남 영남이공대학 아동복지과 교수
이미옥 영남대학교 미술치료 전공 객원교수

미술치료기법

2006년 5월 25일 1판 1쇄 발행
2025년 3월 25일 1판 30쇄 발행

지은이 • 최외선 · 김갑숙 · 최선남 · 이미옥
펴낸이 • 김진환
펴낸곳 • 학지사
04031 서울특별시 마포구 양화로 15길 20 마인드월드빌딩
대표전화 • 02)330-5114 팩스 • 02)324-2345
등록번호 • 제313-2006-000265호

홈페이지 • http://www.hakjisa.co.kr
인스타그램 • http://www.instagram.com/hakjisabook

ISBN 978-89-5891-299-6 93180

정가 15,000원

저자와의 협약으로 인지는 생략합니다.
파본은 구입처에서 교환해 드립니다.